JN007104

これからの病院経営を担う人材

医療経営士テキスト

経営理念・経営ビジョン／経営戦略

戦略を実行するための組織経営

中級【一般講座】

多湖雅博

2

日本医療企画

はじめに

本書のテーマは、『経営理念・経営ビジョン／経営戦略―戦略を実行するための組織経営』である。

組織経営において経営理念・経営ビジョン、経営戦略は非常に重要なものである。詳細は本文で述べることになるが、経営理念・経営ビジョンは組織が目指すべき目標の基となり、当該組織のメンバーの意思統一やモチベーションなどに影響を及ぼす。そのため、経営理念・経営ビジョンを組織メンバーに浸透させることは、組織経営において非常に重要なことなのである。また、経営戦略は当該組織が目指す目標を達成するための作戦であり、これが上手くいかなければ組織の成長は望めないばかりか、組織経営を維持することも困難となる。このようなことからも、組織経営において経営理念・経営ビジョン、経営戦略は非常に重要なものであると言える。

例えば、一般的な企業組織では、トップや経営層のみならず一般従業員までも経営理念・経営ビジョン、経営戦略の重要性を理解しているだろう。おそらくではあるが、自組織の経営理念・経営ビジョン、そして経営戦略の重要性について理解していない従業員は少ない。なぜなら、経営理念・経営ビジョン、そして経営戦略について理解せずに組織活動を実践するということは、当該組織の目標や作戦を理解していないことと同義であり、組織内で活躍することは難しいためである。一般的な企業組織において、経営理念・経営ビジョン、経営戦略について理解していない従業員が多ければ多いほど、当該組織の存続・成長にマイナスの影響を及ぼすと容易に推測できる。

しかし、病院や診療所、福祉施設などの医療機関で働く医療スタッフの場合、トップや経営層はまだしも、医師や看護師などの専門職者は自院の経営理念・経営ビジョン、経営戦略についてあまり理解していないことが多いように感じる。これは医療スタッフの多くがそれぞれの職種の専門教育機関で受ける教育に、組織経営に関する内容が含まれていないためなのか、含まれていても非常にわずかであるためであると考えられる。また、実務に就くようになっても、自身の専門領域の業務を遂行していく上で自院の経営理念・経営ビジョン、経営戦略について理解する必要性があまりないという現状もある。さらに、「経営＝お金もうけ」という誤った誤解から、医療に携わる者が経営について関心を示すこと自体が嫌悪感につながり、敢えて経営から距離をとることもある。これらのことから、医療機関においては、自院の経営理念・経営ビジョン、経営戦略について理解を深める機会を失ってしまいやすくなっているのである。

かくいう筆者も過去に病院勤務の経験があるが、当時は経営理念・経営ビジョン、経営戦略についてあまり理解しておらず、そもそも特に深く考えた記憶がない。それは管理職となって、医療経営の実務に携わるようになってからもあまり変わらなかった。むしろ日々(せいぜい月々もしくは年単位レベル)いかに損失を最小にして、利益を最大にするかについて、行き当たりばったりで考えていたように思う。いま考えると非常に恐ろしいことである。確かに、当時のような経営環境では、医療機関のスタッフが経営理念・経営ビジョン、経営戦略についての理解を含めた経営のマインドを持たなくとも、当該医療機関が潰れることはなかったかもしれない。しかし、昨今の経営環境はそんなに甘くない。医療機関のスタッフ一人ひとりが経営理念・経営ビジョン、経営戦略についての理解を含めた経営のマインドを持たないと、すぐに経営状態は悪化し、医療機関であっても潰れたり買収され統合されたりする。したがって、医療機関のスタッフも経営理念・経営ビジョン、経営戦略について理解することは非常に重要なことなのである。

そのため本書の目的は、①「医療経営を担う者が、『経営理念や経営ビジョン』、そして『経営戦略』を正しく理解し、自院や自組織、地域において実践できる」、②「現在、地域医療構想や地域包括ケアシステムなど、医療機関は地域全体を見渡しながら、経営・運営していくことが求められており、地域を射程に入れた場合に『経営理念や経営ビジョン』をどのように共有していけばよいのか、『経営戦略』をどのように立案し、実行していけばよいのかについて理解することができる」という2点に絞っている。

読者の方々が本書を読み終え、経営理念・経営ビジョン、経営戦略についての基礎的な知識を手に入れることは、非常に価値のあることであり、医療経営の実務に必ず役に立つという信念を持って執筆している。しかし、一般的な経営学についての知識がない状態で本書の目標を達成することは困難である。そのため、本書は一般的な経営学（本書では経営理念・経営ビジョン、経営戦略について）の理論および実務の概要を提示し、その後に医療機関への応用についての知見を提示するという形式を採用している。また、図表を多用し、視覚から情報を得ることでイメージしやすいように工夫している。こうして、基礎的な理論もカバーしつつ医療経営の実務にも使用できる実用的な本に仕上がったと自負している。読者の方々が、経営理念・経営ビジョン、経営戦略についての基礎的な知識を手に入れることができ、医療経営の実務に役立つことにつながることになれば望外の喜びである。

多湖雅博

本書の構成

本書は第1章から第7章までの7つの章で構成する。第1章および第2章で経営理念・経営ビジョンについての概要を解説する。これを受け、第3章から第7章で経営戦略についての概要を解説する。なお、ほとんどの章において、まずは経営学における理論および一般的な企業組織での例の提示をし、その後に医療機関への応用という形式を採用する。

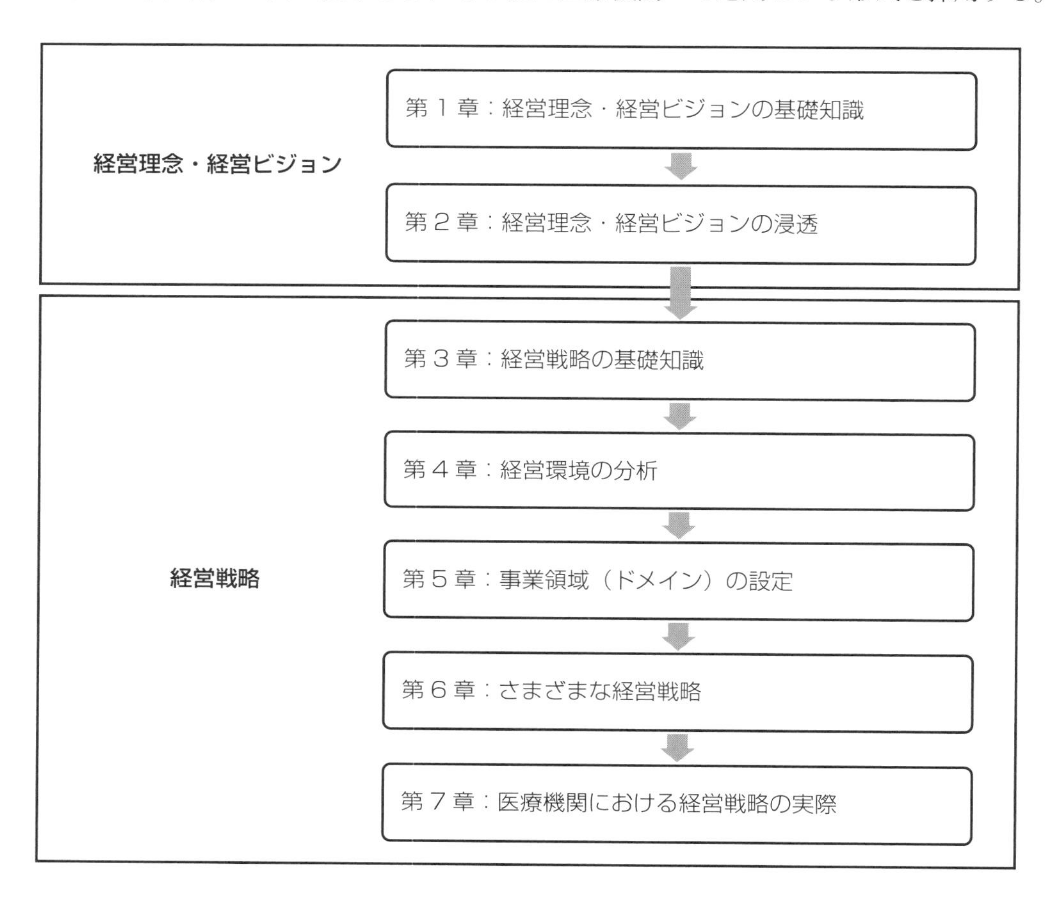

第1章　経営理念・経営ビジョンの基礎知識

第1章では、経営理念・経営ビジョンの基礎知識についての概要を解説する。具体的には、まず経営理念・経営ビジョンのさまざまな定義を提示し、それらを踏まえて本書における経営理念・経営ビジョンを定義する。次に一般的な企業組織や医療機関で実際に使用されている経営理念・経営ビジョンを紹介する。その後に組織経営における経営理念・経営ビジョンの位置づけや必要性についての概要を解説し、最後に経営理念・経営ビジョンの策定について解説する。

第２章　経営理念・経営ビジョンの浸透

第２章では、経営理念・経営ビジョンの浸透についての概要を解説する。具体的には、まず経営理念・経営ビジョンの浸透についてのさまざまな定義を提示し、それらを踏まえて本書における経営理念・経営ビジョンの浸透を定義する。次に経営理念・経営ビジョンの浸透方法についての概要を解説し、最後に経営理念・経営ビジョンの浸透度の評価について解説する。なお、この第２章までが経営理念・経営ビジョンの内容であり、次章以降は経営戦略の内容とする。

第３章　経営戦略の基礎知識

第３章では、経営戦略の基礎知識についての概要を解説する。具体的には、まず経営戦略のさまざまな定義を提示し、それらを踏まえて本書における経営戦略を定義する。次に経営理念・経営ビジョンと経営戦略との関係も含めた組織経営における経営戦略の位置づけや必要性についての概要を解説し、最後に経営戦略の策定について解説する。

第４章　経営環境の分析

第４章では、経営戦略を策定する際に必要な経営環境の分析についての概要を解説する。具体的には、まず経営環境の分析手法を外部環境分析、内部環境分析、総合的環境分析の３つに分類し、その後にそれぞれに該当する主要な分析手法についての概要を解説する。

第５章　事業領域（ドメイン）の設定

第５章では、経営戦略を策定する際に経営環境の分析後に必要となる事業領域（ドメイン）の設定についての概要を解説する。具体的には、まず事業領域（ドメイン）についての概要を解説し、その後に事業領域（ドメイン）の再設定について解説する。

第６章　さまざまな経営戦略

第６章では、さまざまな経営戦略についての概要を解説する。具体的には、まず経営戦略を企業戦略、事業戦略、機能戦略の３つに分類し、その後に企業戦略および事業戦略に該当する主要な経営戦略についての概要を解説する。

第７章　医療機関における経営戦略の実際

第７章では、医療機関における実際の経営戦略についての概要を解説する。具体的には、３つの医療機関を例に挙げ、その概要を解説する。

目次
contents

第3章 経営戦略の基礎知識

第4章 経営環境の分析

第5章 事業領域（ドメイン）の設定

第6章 さまざまな経営戦略

第7章 医療機関における経営戦略の実際

第1章

経営理念・経営ビジョンの基礎知識

1 経営理念・経営ビジョンとは
2 経営理念・経営ビジョンにはどのようなものがあるのか①
——企業組織の例
3 経営理念・経営ビジョンにはどのようなものがあるのか②
——医療機関の例
4 経営理念・経営ビジョンにはどのようなものがあるのか③
——看護部門の例
5 経営理念・経営ビジョンの位置づけ
6 経営理念・経営ビジョンはなぜ必要なのか
7 経営理念・経営ビジョンはどのようにして作られるか

経営理念・経営ビジョンとは

1　さまざまな経営理念・経営ビジョンの定義

経営理念や経営ビジョンは、実務家や研究者の間においてさまざまな定義がなされており、一致した定義はなされていない。

特に実務的には経営理念を企業の使命、価値観、規範、指針、信条、経営精神、ビジョン、ミッション、フィロソフィー、エートス、クレド、社是、社訓などの形式で示している組織も多く、経営理念と経営ビジョンを区別せず同義としている場合も多い。また、経営理念について、理念＝ミッションとし、ビジョンとバリューもその中に含めると定義しているものも多い。しかし、本節で述べていく経営理念と経営ビジョンは、それぞれ異なる意図で作られたものであることを理解しておく必要がある。

2　経営理念とは

ここで提示している３つの定義は研究者の間でよく引用されている経営理念の定義である。もちろん、あくまでも一例であり、提示している３つの定義以外にも多数存在する。

なお、これらはすべて定義づけられてから20年前後の時間が経過しているが、非常にシンプルで理解しやすいため、現代でも頻繁に引用されている定義である。

《さまざまな経営理念の定義》

- 「企業経営について、経営者ないし会社あるいは経済団体が公表した信念」
  （奥村悳一著「現代企業を動かす経営理念」有斐閣、1994年）
- 「組織の理念的目的と経営のやり方と人々の行動についての基本的な考え方あるいは規範」
  （伊丹敬之・加護野忠男著「ゼミナール経営学入門第３版」日本経済新聞社、2003年）
- 「公表された個人の信念、信条そのもの、もしくはそれが組織に根付いて、組織の基づく価値観として明文化されたもの」
  （北居明・松田良子著「日本企業における理念浸透活動とその効果」加護野忠男・坂下昭宣・井上達彦編著『日本企業の戦略インフラの変貌』白桃書房、2004年）

3 経営ビジョンとは

経営ビジョンは経営理念ほど多数の研究者の間で定義されてきた訳ではないが、それでもいくつか存在する。ここではそのうち3つの定義を提示している。

なお、こちらも経営理念の定義と同様に10～20年ほど前に定義されたものであるが、非常にシンプルで理解しやすい定義ばかりである。

《さまざまな経営ビジョンの定義》

●「企業のあるべき姿の基本コンセプト」

（和多田作一郎著「戦略経営システムの構造と情報創造論的戦略論：業態発想からフォーマット発想への転換」経営研究、1993年）

●「組織とそのメンバーがどこに向かっているのかを簡潔に表現し、目標をなぜ誇りに思わなければならないのかを説明したガイドライン」

（坂下昭宣著「創業経営者のビジョナリー・リーダーシップと組織文化」岡山大学経済学会雑誌、1995年）

●「守るべき核心は何か、どのような未来に向けて邁進すべきかを指し示すもの」

（小森谷浩志著「経営理念の策定から浸透プロセスに対する一考察：再意味化を鍵として」日本経営診断学会論集、2011年）

4 ミッション、ビジョン、バリュー(MVV)という考え方

経営理念について、理念＝ミッションとし、ビジョンとバリューもその中に含めると定義しているものも多い。ミッション(Mission)で当該組織の存在意義や役割などを決定し、それに踏まえて当該組織のありたい姿や将来像をビジョン(Vision)として決定する。これを実行するための当該組織の価値観や行動指針をバリュー(Value)として決定するというプロセスとなる。

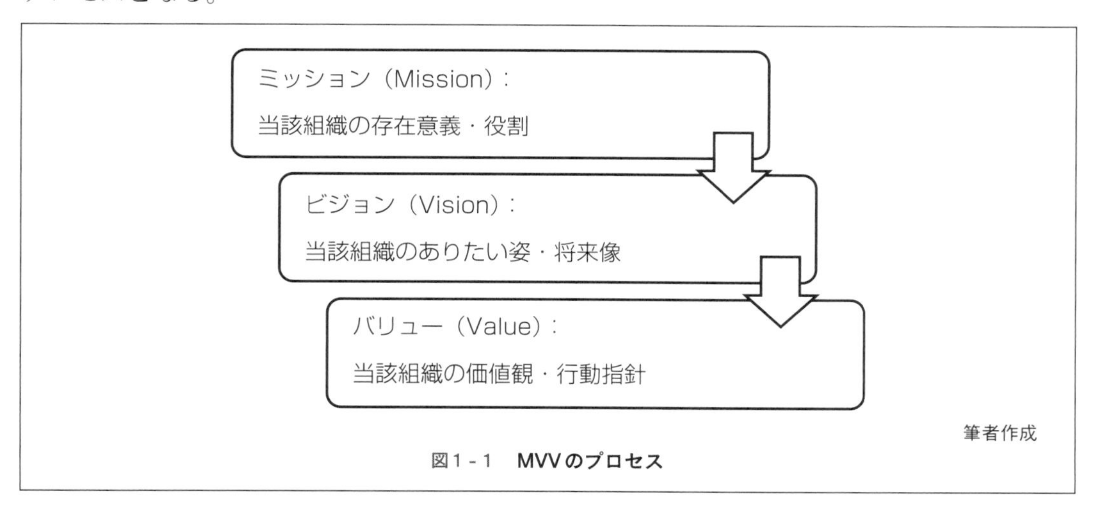

筆者作成

図1-1　MVVのプロセス

5　本章における経営理念・経営ビジョンの定義

本節で提示してきた経営理念の定義をまとめると、経営理念とは「当該組織の信条や存在意義、使命、目的など」であり、組織経営の基となる経営活動の拠り所であると言うことができる。また、経営ビジョンの定義をまとめると、「経営理念を実践するための具体的な行動指針や規範、方向性など」であると言うことができる。本書では、これらをそれぞれ経営理念・経営ビジョンの定義として以後進めていくことにする。

経営理念・経営ビジョンには どのようなものがあるのか① ――企業組織の例

1 一般的な企業組織で実際に使用されている経営理念と経営ビジョン

本節では、多くの方がご存知であろういくつかの業界に属する企業組織の経営理念と経営ビジョンを提示している。具体的には、医療業界の主要事業領域であるサービス業の例として、航空業界とコンビニ業界の2つの業界に属する企業組織と、これからの医療業界でも必要不可欠な事業領域であるIT業界に属するひとつ企業組織の合計3つの企業組織が実際に掲げている経営理念・経営ビジョンを提示している。これらの企業組織は多くの方がご存知であろう認知度の高い有名な組織ばかりである。

2 航空業界の経営理念・経営ビジョンの例

航空業界の例としてANAグループの経営理念・経営ビジョンを例に挙げる。ANAグループは国内線の乗客数が日本一の航空事業会社であり、何度も世界最高の評価を獲得している。主な事業は、全日空(ANA)、バニラエア、Peachなどの航空事業であるが、その他にも、空港地上支援、貨物・物流、コンタクトセンター、ITシステムなどの航空関連事業、旅行会社、旅行商品販売などの旅行事業、リテールカンパニー、食品カンパニー、航空・電子カンパニー、生活産業・メディアカンパニーなどの商社事業がある。

《ANAグループ》

【経営理念】

- 安心と信頼を基礎に、世界をつなぐ心の翼で夢にあふれる未来に貢献します

【経営ビジョン】

- ANAグループは、お客様満足と価値創造で世界のリーディングエアライングループを目指します

(ANAグループホームページ：https://www.ana.co.jp/group/about-us/vision/)

3　コンビニ業界の経営理念・経営ビジョンの例

コンビニ業界の例としてローソングループの経営理念・経営ビジョンを例に挙げる。ローソングループはコンビニエンスストア事業で有名な企業である。コンビニエンスストア事業以外に、エンタテイメント事業、金融サービス関連事業、コンサルティング事業、海外事業、成城石井事業がある。

《ローソングループ》

【グループ理念】

● 私たちは「みんなと暮らすマチ」を幸せにします

【経営ビジョン】

● 目指すは、マチの「ほっと」ステーション

（ローソングループホームページ：https://www.lawson.co.jp/company/corporate/data/idea/）

4　IT系企業の経営理念・経営ビジョンの例

IT業界の例としてTOSHIBAシステムテクノロジーの経営理念・経営ビジョンを例に挙げる。TOSHIBAシステムテクノロジーは、半導体メーカーとしては国内最大手で有名な電機メーカーである。高効率な火力・原子力発電システム、自然エネルギーを利用した水力・太陽光・地熱・風力などの発電システムを提供するエネルギー事業、上下水道システム・道路システム・防災システムなど提供する社会インフラ事業、ディスクリート半導体分野などの電子デバイス事業、IoTや人工知能（AI）など先進のデジタル技術で新しい価値を創造するデジタルソリューション事業の4つの事業領域で、さまざまな製品・サービスを提供している。

《TOSHIBA システムテクノロジー》

【経営理念】

- 人と、地球の、明日のために

【経営ビジョン】

- システム技術で未来を描き、持続可能な社会に貢献する
- 情報、制御、電気技術のプロフェッショナル集団であり続ける
- お客様の期待に誠実に応え、信頼されるパートナーとして成長する
- 情熱と誇りを持って、より高い目標に挑戦する
- 従業員の声を活かし、自由闊達な気風を育てる

（TOSHIBA システムテクノロジーホームページ：https://www3.toshiba.co.jp/tst/corp/philodophy.htm）

5 3社の経営理念・経営ビジョンの共通点と相違点

本節で提示してきたANAグループ、ローソングループ、TOSHIBAシステムテクノロジーの3社は、いずれも経営理念として「当該組織の信条や存在意義、使命、目的など」を掲げており、経営ビジョンとして「経営理念を実践するための具体的な行動指針や規範、方向性など」を掲げていることが分かる。これは前節の最後で述べた内容と同様の内容である。また、一見すると、これらの3社は似通っているように思うかもしれないが、企業組織ごとに細かな部分では異なっていることが分かる。特に、経営ビジョンは企業組織の特徴を活かしたものになっていることが分かる。

3 経営理念・経営ビジョンには どのようなものがあるのか② ――医療機関の例

1 医療機関で実際に使用されている経営理念・経営ビジョン

一口に医療機関といっても、その機能や特徴は異なっている。そのため、それぞれ機能や特徴の異なる大学病院、市民病院、社会福祉法人の３種の医療機関の例を提示している。具体的には、広島大学病院、平塚市民病院、大阪府済生会吹田病院の３つの医療機関である。これらの３つの医療機関はそれぞれ設置目的や存在意義が若干ではあるが異なっている。

なお、本節で提示している３つの医療機関だけでなく、日本全国の多くの医療機関は経営理念や経営ビジョンという表現を使用せず、「基本理念」、「病院理念」、「基本方針」などの表現で使用している。そのため、本書ではこれらを経営理念や経営ビジョンと読み替えて使用していくことにする。

2 大学病院の経営理念・経営ビジョンの例

大学病院とは、教育・臨床・研究の３つの機能を持っている医療機関である。ここで例として提示している広島大学病院は、広島県にある国立大学法人広島大学附属の大学病院であり、診療、教育、研究に取り組んでいる医療機関である。

《広島大学病院》

【基本理念】

- 全人的医療の実践、優れた医療人の育成、新しい医療の探求

【基本方針】

- 医学・歯学・薬学・保健学の統合による新しい医療の開発と提供に努めます。
- よく理解できる安全な医療の提供に努めます。
- 温かい心と倫理観を持つ医療人の育成に努めます。
- 平和につながる国際的医学教育・研究の展開に努めます。

（広島大学病院ホームページ：https://www.hiroshima-u.ac.jp/hosp/guide/guide01）

3 市民病院の経営理念・経営ビジョンの例

市民病院は、当該市民の健康を守ることを目的としている医療機関である。ここで例として提示している平塚市民病院は、神奈川県平塚市にある市民のための総合病院であり、平塚市民の健康の保持増進に取り組んでいる医療機関である。

《平塚市民病院》

【病院の理念】

- 私たちは、地域医療と市民生命をまもります。

【基本方針】

- “そばに寄り添い、ともに闘う”医療を提供します。
- 安全・確実で、最新・高質の高度医療を提供します。
- 地域に根ざした急性期医療を展開します。
- 病院経営の健全性の向上を図ります。
- 教育、情報発信により社会に貢献します。
- 働きやすい職場をつくります。

（平塚市民病院ホームページ：https://www.hiratsuka-city-hospital.jp/info/rinen.html）

4 社会福祉法人の経営理念・経営ビジョンの例

社会福祉法人は、公益性の高い非営利法人の医療機関である。ここで例として提示している大阪府済生会吹田病院は、大阪府吹田市にある社会福祉法人であり、地域医療支援病院やがん診療拠点病院などに認定されている医療機関である。

《大阪府済生会吹田病院》

【病院理念】

- やすらぎの医療

【ビジョン】

- 地域のヘルスケアをリードする

（大阪府済生会吹田病院ホームページ：https://www.suita.saiseikai.or.jp/about/vision/）

5　3つの医療機関の共通点と相違点

本節で提示してきた3つの医療機関も一般的な企業組織と変わらず、経営理念として「信条や存在意義、使命、目的」を掲げており、経営ビジョンとして「経営理念を実践するための具体的な行動指針や規範、方向性」を掲げていることが分かる。ただし一般的な企業組織とは異なり、いずれの医療機関も非常に良く似通った経営理念や経営ビジョンであることが分かる。このことは本節で提示してきた3つの医療機関だけの特徴ではない。

多くの典型的な医療機関における経営理念や経営ビジョンには、「患者中心」「質の高い医療」「安全・安心」「職員の研鑽とやりがいの追求」「先進医療」「地域連携・地域貢献」などの表現が使用されており、患者への視点だけでなく、医療スタッフが生き甲斐や誇りを持って働くという視点も含めた理念を掲げているという特徴がある。そして、これらの表現のうち、「患者中心」「質の高い医療」「安全・安心」「職員の研鑽とやりがいの追求」については普遍的なものであり、「先進医療」「地域連携・地域貢献」は現代社会のニーズに伴ったものであることが分かる。このことも多くの医療機関で共通したものであり、経営理念や経営ビジョンは一般的な企業組織と比較すると医療機関ごとの独自性はあまりにも少ないという特徴がある。

経営理念・経営ビジョンには どのようなものがあるのか③ ——看護部門の例

1 医療機関内の看護部門で実際に使用されている経営理念・経営ビジョン

経営理念や経営ビジョンは当該医療機関全体だけに存在する訳ではない。多くの医療機関内の看護部門にも、「看護部の理念」や「基本方針」なるものが存在することが多い。本節で提示している経営理念・経営ビジョンは、前節で例として提示した広島大学病院、平塚市民病院、大阪府済生会吹田病院のそれぞれの看護部門の経営理念・経営ビジョンを提示する。

なお、こちらも前節と同様に、経営理念や経営ビジョンという表現を使用せず、経営理念や経営ビジョンを「看護部の理念」、「看護部の方針」などの表現で使用している。本書ではこれらを経営理念や経営ビジョンと読み替えて使用していくことにする。

《広島大学病院看護部》

【看護部の理念】

- 人間の生命、人間としての尊厳を大切にする看護をめざします。
- 専門職業人としての能力の向上と開発につとめます。
- 豊かな感性をみがき、人間としての成長につとめます。
- 大学病院の使命と社会のニーズに応じた看護をめざします。

【看護部の方針】

- 安全な医療環境を提供します。
- 根拠にもとづいた看護を提供します。
- 安寧な療養生活を支援します。
- 全人的なチーム医療を推進します。
- 実践した看護を評価し、新たな看護の創造につとめます。
- 地域社会に根づいた継続看護の充実をはかります。
- 教育・研究に協力・支援します。
- 健全な病院経営に貢献します。

(広島大学病院看護部ホームページ：https://home.hiroshima-u.ac.jp/kangobu/concept.html)

《平塚市民病院看護部》

【看護部の理念】
●尊重と思いやり

【看護部の方針】
●安全で質の高い看護を提供します。
●チーム医療を推進します。
●一人ひとりが専門職として高い倫理観を持ち自己研鑽に努めます。
●ともに成長できる環境を整えます。
●看護活動を通じて地域に貢献します。
●経営に積極的に参画し組織に貢献します。

（平塚市民病院看護部ホームページ：https://www.hiratsuka-city-hospital.jp/kangobu/kangobu/gaiyou.html）

《大阪府済生会吹田病院看護部》

【看護部の理念】
●吹田病院の理念「やすらぎの医療」を目指し、看護の責任と誇りを自覚し、患者・家族・地域の人々に質の高いサービスを提供する。

【基本方針】
●看護の倫理観に基づき、親切・思いやり・笑顔をモットーにやすらぎの看護を実践する。
●変化する社会や医療ニーズに対応できる看護実践能力を養う。
●組織人としての心構えを常にもち、吹田医療福祉センターの一員としての役割を遂行する。
●他部門との連携を図り、協働することにより、地域医療に貢献する。
●看護専門職のレベル向上を目指し、自己研鑽に努める。

（大阪府済生会吹田病院看護部ホームページ：https://www.suita.saiseikai.or.jp/nurse/about/policy/）

2　3つの医療機関内の看護部門の共通点と相違点

本節で提示してきた3つの医療機関内の看護部の経営理念と経営ビジョンを見ると、当然のことながら、いずれの看護部門も属している医療機関の理念に基づいた経営理念や経営ビジョンを掲げている。それに加えて、専門職として看護部だからこそできることを踏まえて掲げられている。

つまり、自分たちの(専門職としての)言葉にカスタマイズし、自分事にしているのである。そのため、当該看護部のメンバーは、当該医療機関の経営理念や経営ビジョンを理解しやすくなり、より実践しやすくなっていると考えられる。なお、確認はできていないが、看護部門以外のコメディカルの部門にも同じように各部門独自の経営理念や経営ビジョンを掲げている可能性が高い。

5 経営理念・経営ビジョンの位置づけ

1 経営理念と経営ビジョンとの関係

経営理念や経営ビジョンとの関係や組織経営における位置づけについて述べていくためには、まずは組織経営における経営理念や経営ビジョンとの関係について理解する必要がある。もちろん、第1節で述べたように実務的には経営理念と経営ビジョンを区別せず同義としている場合もある。しかし、経営理念と経営ビジョンは同一のものではなく、経営ビジョンとは経営理念をベースにしたものであるというのが本書の立場である。

経営理念と経営ビジョンは、複数の要素から構成され階層性が認められており、上位概念（当該組織の信条や存在意義、使命、目的など）と下位概念（経営理念を実践するための具体的な行動指針や規範、方向性など）に分類されている。上位概念と下位概念の関係は、上位概念によって組織経営における基本の柱を立て、環境の変化に応じて柔軟に下位概念を策定するという図式となる。

つまり、経営理念によって当該組織の信条や存在意義、使命、目的などが表現され、この経営理念を実践するための具体的な行動指針や規範、方向性などと定義される経営ビジョンが策定されるというプロセスであり、経営ビジョンとは経営理念ありきのものなのである。なお、今後本書では組織経営における経営理念と経営ビジョンの関係は、上位概念と下位概念の関係として進めていくこととする。

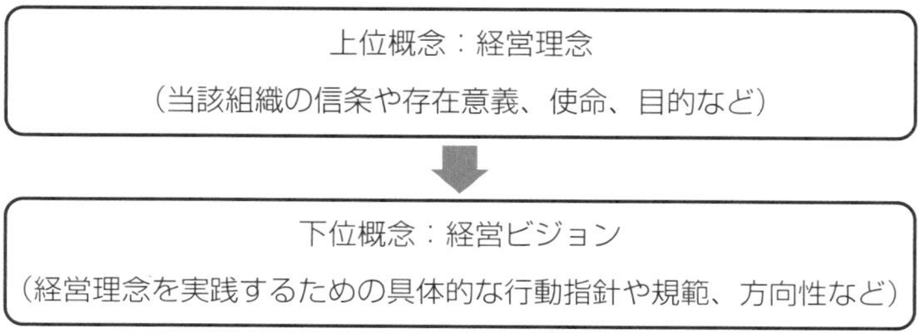

上位概念：経営理念

（当該組織の信条や存在意義、使命、目的など）

下位概念：経営ビジョン

（経営理念を実践するための具体的な行動指針や規範、方向性など）

（奥村悳一著「現代企業を動かす経営理念」有斐閣、1994年を基に筆者作成）

図1-2　経営理念と経営ビジョンとの関係

2 経営理念・経営ビジョンの組織における位置づけ

経営理念や経営ビジョンは「当該組織の信条や存在意義、使命、目的など」や「経営理念を実践するための具体的な行動指針や規範、方向性など」と定義されている。つまり、組織経営にとってなくてはならない非常に重要なものであり、組織経営における中核となるものとして位置づけられていることが分かる。なお、詳細は第3章で述べるが、経営理念および経営ビジョンは、経営戦略の策定にも必要不可欠なものである。そういう意味でも、経営理念および経営ビジョンは、組織経営において非常に重要なものなのである。

第2節で提示したANAグループ、ローソングループ、TOSHIBAの3社の経営理念・経営ビジョンの内容を見ると、当該組織の信条や存在意義、使命、目的などである経営理念を上位概念とし、これを実践するための具体的な行動指針や規範、方向性などである経営ビジョンを下位概念とした上下関係にある。おそらく、このことはその他の企業組織においても同様であると考えられる。つまり、経営理念と経営ビジョンは、当該組織の経営の中核的な存在であると言える。

3 医療機関における経営理念と経営ビジョンとの関係やその位置づけ

こちらも第3節で提示した3つの医療機関の経営理念と経営ビジョンを見ると、病院の理念として医療機関の信条や存在意義、使命、目的などが表現され、病院の理念を実践するための具体的な行動指針や規範、方向性などである基本方針が策定されるというプロセスを辿るという関係であり、前節で挙げた企業組織と同様に、医療機関においても組織経営の中核として位置づけられていことが分かる。おそらく、その他の医療機関で掲げられている経営理念と経営ビジョンの関係やその位置づけも同様であると考えられる。

つまり、医療機関における経営理念と経営ビジョンとの関係やその位置づけについては、企業組織と概ね同様であり、医療機関ならではの特徴や特異性といったものはあまり見当たらないということになる。

経営理念・経営ビジョンはなぜ必要なのか

1　経営理念の機能・効果

経営理念には、さまざまな機能や効果があると言われている。例えば、組織メンバー間である。ここで提示した機能や効果の基になっているとも言える経営理念の機能・効果として、企業内部の統合機能（内部統合機能）と企業外部に対する適応機能（外部適応機能）の2つがある。

2　内部統合機能と外部適応機能

（1）内部統合機能

内部統合機能は、動機づけ機能と統合機能とに分けられる。

①動機づけ機能

組織メンバーに組織の方向性や行動の拠り所を示し、仕事への動機づけを高める効果があり、統合機能は組織内に共通の価値観を持ち、組織メンバー間の相互の信頼関係を構築する効果がある。

②統合機能

統合機能は、コミットメント機能とバックボーン機能に分けられる。

〈コミットメント機能〉：組織メンバーの一体感を醸成する効果がある。

〈バックボーン機能〉：経営理念というバックボーンにより内部の間違った考え方を是正し、組織メンバー間の統合を促進するという効果がある。なお、バックボーン機能は組織メンバーをコントロールする機能とも言われており、組織メンバーが何らかの行動をとる際の指針となり、倫理観や道徳観を教える効果があると言われている。

（2）外部適応機能

外部適応機能は、正当化機能と環境適合機能とに分けられる。

①正当化機能

社会に向けて組織の存在意義や未来への方向性を示す自社活動を正当化する効果があ

り、環境適合機能は社会や顧客との信頼を形成し、経営価値と社会価値を一致させることで組織を存続させる効果がある。

②環境適合機能

環境適合機能は、適合・存続機能と活性化機能とに分けられる。

〈適合・存続機能〉：環境への適合と組織の存続を促進させる効果がある。

〈活性化機能〉：組織メンバーの共感力を向上させ、活性化させる効果がある。

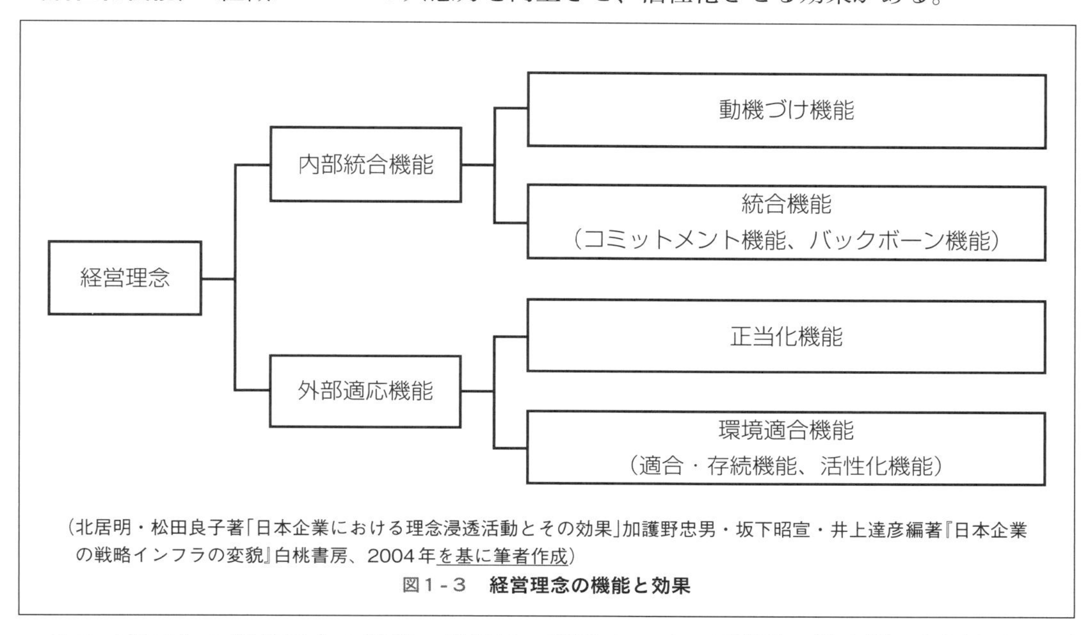

（北居明・松田良子著「日本企業における理念浸透活動とその効果」加護野忠男・坂下昭宣・井上達彦編著『日本企業の戦略インフラの変貌』白桃書房、2004年を基に筆者作成）

図1-3　経営理念の機能と効果

ここで提示した経営理念の機能・効果は、組織メンバーが組織で働く際に必要なものばかりである。つまり、経営理念の機能・効果は、組織経営においてなくてはならないものばかりであり、経営理念は組織経営において非常に重要なものなのである。

3　経営理念とパフォーマンスとの関係

経営理念は、組織フォーマンスとも関係があると言われている。組織経営におけるパフォーマンスには、財務的パフォーマンスと非財務的パフォーマンスがある。財務的パフォーマンスとは、売上高、業績、利益、株価、ROEなどであり、所謂目に見える成果であり、組織経営において非常に重要なものである。

一方、非財務的パフォーマンスとは、動機づけ、職務満足度、勤続年数、離職率、コミットメントなどが該当し、財務的パフォーマンスを向上させるためには、非財務的パフォーマンスを向上させる必要がある。つまり、経営理念は内部統合機能や外部適応機能によって非財務的パフォーマンスを向上させ、その結果として、組織経営において非常に重要な要素である財務的パフォーマンスを向上させていると考えられている。

4　経営理念と組織文化との関係

経営理念は、組織文化とも関係があると言われている。組織文化とは文字通り組織の文化を指しており、組織のメンバーが生み出して、メンバー間で共有している価値観や信念、規範などである。そのため、組織文化は組織メンバーの態度や行動に影響を及ぼす。また、経営理念とは「当該組織の信条や存在意義、使命、目的など」であり、当該組織における正しい考え方や振る舞いを伝え、組織の意思決定や戦略、業績にまで大きな影響を与えるものである。

つまり、経営理念が組織メンバー間で共有され、当該組織で当たり前と思えるような状態を醸成する（組織文化を形成する）と考えられ、経営理念は組織文化の根幹となるものであると言える。なお、組織文化は、「信念」、「価値観」、「行動規範」、「意味」の4つの構成要素によって構成されており、さまざまなメリット（組織文化の機能）とデメリット（組織文化の逆機能）がある。

5　経営ビジョンの機能・効果

前節で提示したように、本書における経営ビジョンとは経営理念の下位概念であり、経営理念ありきの存在である。そして、経営ビジョンとは企業の存在意義、使命などの経営理念を実践するための具体的な方針や規範である。

つまり、経営ビジョンには、経営理念の機能や効果をより発現しやすくさせるという機能や効果があると言える。換言すると、経営理念の機能や効果を発現させやすくするためにも経営ビジョンは必要不可欠なのものであると言える。

6　医療機関における経営理念や経営ビジョンの機能・効果

医療機関における経営理念や経営ビジョンの機能・効果には、一般的な企業組織と同様に、内部統合機能と外部適応機能がある。多数の専門職が集まり協働することが求められる医療機関において、これらの機能・効果は一般的な企業組織よりもさらに重要である。

そもそも、専門職者には、「職業コミットメントは高いが、所属組織に対するコミットメントは低い」、「学会や協会などの所属組織以外の団体の存在が大きい」、「大学や専門学校などの養成施設において職業独自の価値観が形成される」という特徴があり、医療機関では職業レベルや部署レベルでのコンフリクトやセクショナリズムが発生しやすい。このような理由から一般的な企業組織よりも協働が困難となっている。そのため、当該医療機関において明確な経営理念や経営ビジョンを打ち出すことは、他の一般的な企業組織と比較してもさらに重要となる。

column 組織文化の構成要素

①信念：
「人間・組織・社会とは何か」への基本的な考え方
②価値観：
「〇〇とはこうあるべきだ」、「成功するためには●●するのが良い」などの信念よりも具体的な物事の判断基準や評価基準
③行動規範：
さまざまな場面における具体的な行動のルール
④意味：
「戦略」の意味や「リーダー」の意味など、組織内で使用されている言葉の意味

column 組織文化のメリット

①組織メンバーの判断や行動に対しての基準となる。
②組織メンバーを管理する際の指標となる。
③組織メンバーのモチベーションを向上させる。
④組織メンバー間のコミュニケーションを促進させる。

column 組織文化のデメリット

①組織メンバーそれぞれの思考の質やパターンが均一になりやすい。
②組織メンバーが当該組織のリーダーに対して盲目的に服従する可能性がある。

経営理念・経営ビジョンはどのようにして作られるか

1　経営理念・経営ビジョンの策定

経営理念は、基本的には時代背景や社会情勢などのその時々の環境に合わせて、創業者が創業時に感じた思いや信条を、存在意義、使命などに表現して掲げるものである。もちろん、そこには創業者の思いだけでなく、それぞれの企業の強みを活かしたものとなっている。また、何度も述べているが、経営ビジョンとは「当該組織の経営理念を実践するための具体的な行動指針や規範、方向性など」である。つまり、定められた経営理念を実践するためには、何をどのようにすればよいのか考える必要がある。そのため、経営理念策定後でないと経営ビジョンは策定できない。経営ビジョン策定の際には、社会情勢や当該組織が置かれている状況などを考慮していく必要がある。経営ビジョンについては、経営理念と同様に創業者が決定する場合もあるが、時々刻々と変化する情勢に合わせて現経営者や経営層、もしくは委員会を設置して多くの組織メンバーと協議した上で決定していくことになる。

いずれにしても、経営理念や経営ビジョンは創業者の思いを基にして策定されていることは変わらない。つまり、経営理念や経営ビジョンを策定することは、当該組織を運営していく際の道標となり得るものである。もちろん、世の中には多種多様な企業があり、なかには創業者の思いが基本となっていない経営理念や経営ビジョンもあるかもしれない。しかし、多くの組織では概ね創業者の思いを忠実に再現し、現代の環境に適合させた経営理念や経営ビジョンを掲げ、当該組織を運営していく際の道標としているのである。

ここでは多くの方がご存知であろう企業組織として、ダスキンと小松製作所の例を提示している。まず、ダスキンは創業期からフランチャイズビジネスを確立するとともに、その後の事業展開でも、常にフランチャイズビジネスの可能性を追求してきた企業であり、清掃用品のレンタルなどの訪販グループ事業、ミスタードーナツやベーカリーファクトリーなどのフードグループ事業、ダストコントロールシステムやフランチャイズシステムなどのビジネスモデルを提供する海外展開グループ事業を展開している。ダスキンの経営理念は、創業者の鈴木清一氏の思想が如実に反映されており、創業者の思いを「祈りの経営」として今でも毎日唱和され続けている。また、ダスキンは自社の強みに「人にしかできないホスピタリティ」を挙げており、これも経営理念の策定につながっているのではないかと考えられる。

しかし、創業者の思いを基本としつつも、創業者の思いのみで経営理念を策定しない場合もある。例えば、小松製作所(コマツ)がそれに該当する。小松製作所は、建設・鉱山機械分野で国際的なリーダーとしての地位を確立しつつ、小型機械、林業機械、産業機械、物流、サービス関連事業などの分野においても、幅広い商品とサービスを提供している。小松製作所の経営理念である「コマツウェイ」は、創業者の思いを明文化したものである。なお、当初は「コマツ文化」や「コマツイズム」と呼ばれていたが、現在は「コマツウェイ」としておさまっている。小松製作所は「コマツウェイ」策定のために社内に委員会を設置し、そこで他社のさまざまな経営理念を参考にしつつ自社の強みを活かせるように合議的に決められたものである。

《ダスキンの経営理念》

一日一日と今日こそは
あなたの人生が(わたしの人生が)
新しく生まれ変わるチャンスです
自分に対しては
損と得とあらば損の道をゆくこと
他人に対しては
喜びのタネまきをすること
我も他も(わたしもあなたも)
物心共に豊かになり(物も心も豊かになり)
生きがいのある世の中にすること

合掌

ありがとうございました

(ダスキンホームページ:https://www.duskin.co.jp/company/philosophy/)

《小松製作所(コマツ)の経営の基本》

「品質と信頼性」を追求し、社会を含むステークホルダーからの信頼度の総和を最大化することです。

(小松製作所ホームページ:https://home.komatsu/jp/company/basics-management/)

2　医療機関における経営理念や経営ビジョンの策定

経営理念や経営ビジョンの策定については、医療機関ならではの特徴や特異性といったものはあまり見当たらない。医療機関における病院の理念と基本方針の策定は、企業組織と同様に創業者の思いを基本としており、当該医療機関を運営していく道標となり、医療機関においても非常に重要なものである。

なお、現代の医療環境を鑑みると、「地域医療」はキーワードとなり得る。そのため、地域医療連携や地域包括ケアシステムなどを踏まえた経営理念や経営ビジョンを策定していく必要がある。このためにも、常日頃から地域との交流や連携を実践していくことが重要となる。ここでは地域医療を経営理念に掲げている医療機関として、豊田地域医療センターと新潟臨港病院の例を提示している。

《豊田地域医療センターの病院理念》

私たちは、医療・保健・福祉を通して、地域のみなさまの生命を守り、健康で生きがいのある生活を支援します。

（豊田地域医療センターホームページ：http://www.toyotachiiki-mc.or.jp/guide/policy.html）

《新潟県立中央病院の病院理念》

「県民に信頼され地域とともに歩む病院」

- 病院を利用される方一人一人の権利を尊重します。
- 救急医療と高度先進医療を提供します。
- 思いやりのある安全な医療・看護を推進します。
- 地域の医療施設・介護施設や自治体と連携し、地域住民の保健・医療・福祉の増進を図ります。
- 研究・研鑽につとめ、次世代の人材を育成します。

（新潟県立中央病院ホームページ：http://www.cent-hosp.pref.niigata.jp/kihon/rinen.html）

column 地域包括ケアシステム

地域とは、単なるエリアではなく、コミュニティを指しており、包括ケアとは、治療のみならず、健康づくりなどの保険サービス、在宅ケア、リハビリ、福祉・介護サービスのすべてを包含するものを指しており、施設ケアと在宅ケアとの連携および住民参加のもとに、地域ぐるみの生活・ノーマライゼーションを視野に入れた全人的ケアのことである。これらのことから、地域包括ケアとは、地域に包括医療を、社会的要因を配慮しつつ、継続して実践し、住民のQOLの向上を目指すものである。

地域包括ケアシステムには、「住まい」「医療」「介護」「予防」「生活支援（福祉サービス）」の5つの構成要素がある。この5つの要素を総合的かつ一体的に提供するシステムを構築することが地域包括ケアシステムの目的である。そのためには、生活のベースとなる「住まい」と、生活を支える「生活支援」を確保し、「医療、介護、予防」を有効的に機能させることが必要となる。

また、地域包括ケアシステムは、「自助」「互助」「共助」「扶助」という視点からも見ることができる。「自助」とは、自分で自分を助けることであり、かかりつけ医をもち、定期的に健康診断を受けるなどして、普段から自分の健康に注意を払い、自立した生活を維持するために必要なサービスは自費で購入するものである。「互助」とは、住民同士の支え合いを指しており、町会・自治会などの活動やボランティア・NPOなどによる公的な制度と異なる助け合いの仕組みなどである。「扶助」とは、制度化された相互扶助のことであり、医療、年金、介護保険といった社会保険制度を指し、保険の仕組みを用いて社会全体で助け合おうというものである。「公助」とは、国による社会福祉制度のことであり、税の負担による生活保護制度や市区町村が実施する高齢者福祉事業などである。

なお、地域包括ケアシステムにおける「地域」とは、住民の日常生活の範囲を指しており、具体的には30分程度で駆けつけることができる範囲とされている。

確認問題

経営理念の機能・効果について、正しいものを1つ選べ。

〔選択肢〕

①コミットメント機能には、組織メンバーに組織の方向性や行動の拠り所を示し、仕事への動機づけを高める効果がある。

②バックボーン機能には､組織メンバー間の分化を促進するという効果がある。

③正当化機能には、社会に向けて組織の存在意義や未来への方向性を示す自社活動を正当化する効果がある。

④適合・存続機能には、組織メンバーの共感力を向上させ、活性化させる効果がある。

⑤活性化機能には、環境への適合と組織の存続を促進させる効果がある。

確認問題

解答　解説

③

解説 1

①×：コミットメント機能は内部統合機能のひとつの機能である統合機能内の機能である。コミットメント機能には、組織メンバーの一体感を醸成する効果がある。設問の内容は動機づけ機能の内容である。

②×：バックボーン機能も内部統合機能のひとつの機能である統合機能内の機能である。バックボーン機能には、経営理念というバックボーンにより内部の間違った考え方を是正し、組織メンバー間の分化を促進するのではなく、組織メンバーの統合を促進するという効果がある。

③○：選択肢の通り。正当化機能は外部適応機能のひとつの機能である。

④×：適合・存続機能は外部適応機能のひとつの機能である環境適合機能内の機能である。適合・存続機能には、組織内に共通の価値観を持ち、組織メンバー間の相互の信頼関係を構築する効果がある。設問の内容は活性化機能の内容である。

⑤×：活性化機能も外部適応機能のひとつの機能である環境適合機能内の機能である。活性化機能には、組織メンバーの共感力を向上させ、活性化させる効果がある。設問の内容は適合・存続機能の内容である。

問題 2 経営理念・経営ビジョンについて、正しいもの1つ選べ。

〔選択肢〕

①経営理念は、時代背景や社会情勢などによって変わることのない普遍的なものである必要があり、創業者の思いや信条を、存在意義、使命などに表現して掲げるものである。

②経営ビジョン策定の際には、社会情勢や当該組織が置かれている状況などを考慮していく必要がある。

③経営理念や経営ビジョンを策定することは、当該組織を運営していく際に足枷となりやすい。

④経営理念や経営ビジョンを策定する際には、創業者の思いを基本としつつも、創業者の思いのみで策定する。

⑤経営理念と経営ビジョンには階層性が認められておらず、同一の概念として取り扱われている。

確認問題

解答 2　②

解説 2

①×：経営理念は、基本的には時代背景や社会情勢などのその時々の環境に合わせて、創業者が創業時に感じた思いや信条を、存在意義、使命などに表現して掲げるものであり、決して普遍的なものではない。

②○：選択肢の通り。

③×：経営理念や経営ビジョンを策定することは、当該組織を運営していく際に足枷とはならず、むしろ道標となり得る。

④×：経営理念や経営ビジョンを策定する際には、創業者の思いを基本としつつも、創業者の思いのみで策定せずに、合議的に決定する場合もある。例えば、コマツは「コマツウェイ」策定のために社内に委員会を設置し、そこで他社のさまざまな経営理念を参考にしつつ自社の強みを活かせるように合議的に決めている。

⑤×：経営理念と経営ビジョンは、複数の要素から構成され階層性が認められており、上位概念と下位概念に分けられている。経営理念と経営ビジョンの関係は、上位概念と下位概念の関係であり、上下関係にある。

第2章

経営理念・経営ビジョンの浸透

1 経営理念・経営ビジョンの浸透とは
2 経営理念・経営ビジョンの浸透はどのようにして行われるのか
3 経営理念・経営ビジョンの浸透は本当になされたのか

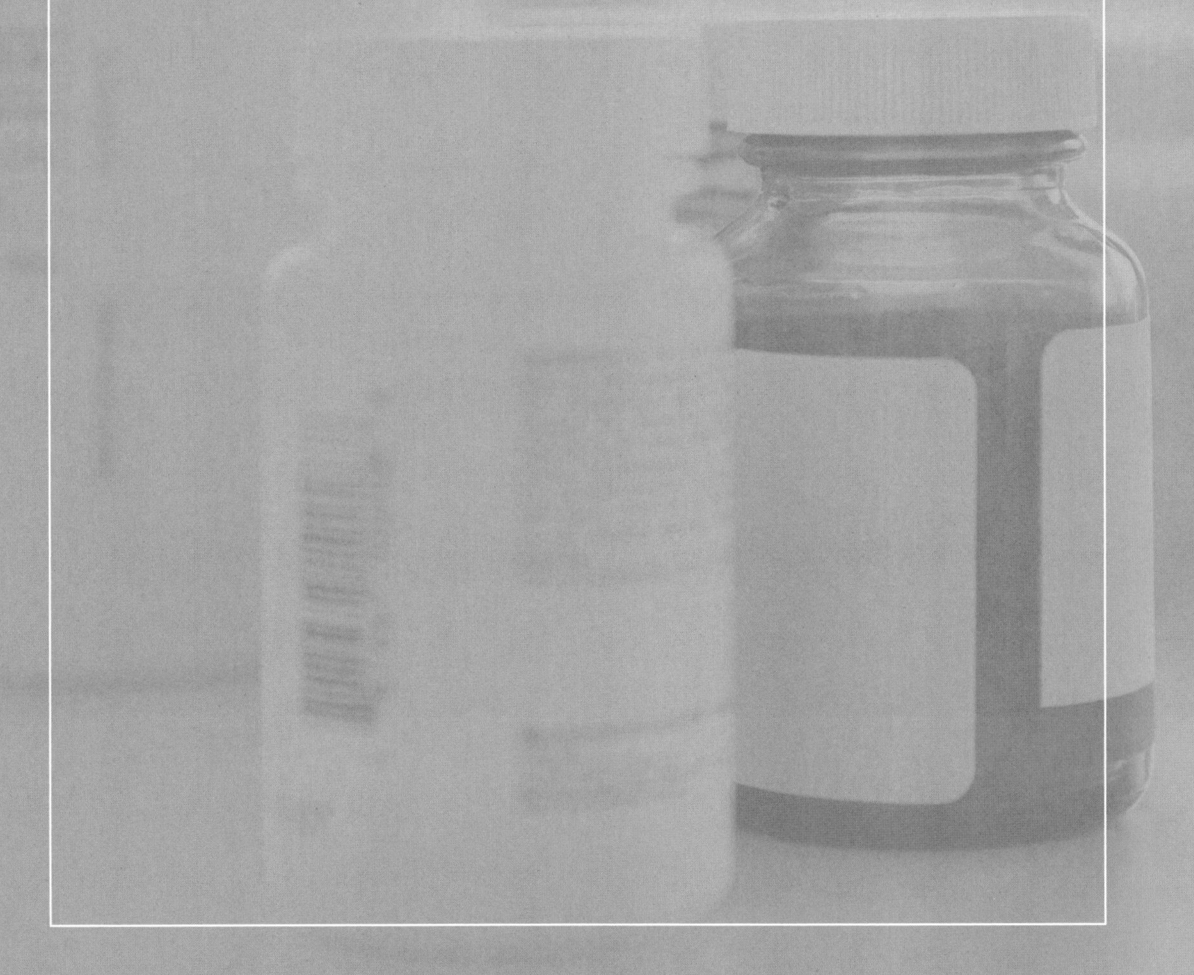

1 経営理念・経営ビジョンの浸透とは

1 経営理念・経営ビジョン浸透の必要性

第1章にて、経営理念・経営ビジョンは組織経営において非常に重要なものであることが分かった。しかし、ただ経営理念・経営ビジョンを策定すれば良いという訳ではない。しっかりと組織メンバーに浸透させ、組織メンバー間で共有してもらう必要がある。そうでなければ、経営理念や経営ビジョンの機能は発揮されず、効果も現れない（経営理念・経営ビジョンの機能・効果については第1章第6節を参照）。

つまり、組織経営において経営理念・経営ビジョンの浸透は、非常に重要なものである。そのため、本章では経営理念や経営ビジョンの組織への浸透および共有について述べていくことにする。

なお、本書では共有という現象は、浸透後に起こる現象として捉えている。そのため、本書では経営理念・経営ビジョンの浸透と経営理念・経営ビジョンの共有とは同一のものとして扱っていくこととする。

2 経営理念・経営ビジョン浸透の定義

第1章で述べたように、経営理念や経営ビジョンにはさまざまな定義がなされており、一致したものはない。それは経営理念・経営ビジョンの浸透・共有についても同様であり、さまざまな定義がなされている。ここで提示している定義は研究者の間でよく引用されている経営理念の浸透の定義である。もちろん、あくまでも一例であり、ここで提示する4つの定義以外にも多数存在する。これらは非常にシンプルで理解しやすいため、現代でも頻繁に引用されている定義である。

なお、経営ビジョンは経営理念ほど研究者の間で定義されてきた訳ではないが、それでもいくつか存在する。しかし、経営ビジョンの浸透について述べられている少数の論文では、概ね経営理念の浸透と同義としている。そのため、本書では経営理念の浸透と経営ビジョンの浸透とは同一のものとして扱っていくこととする。

《さまざまな経営理念浸透の定義》

- 「矛盾のない一貫したプロセスではなく、解釈の異なりや理念の現実の矛盾が議論を通じて腑に落ちるプロセス」
  （金井寿宏・松岡久美・藤本哲著「コープこうべにおける愛と協同の理念の浸透：組織の基本価値が末端にまで浸透するメカニズムの探求」組織科学、1997年）
- 「ほとんどの社員が理念に共感、納得し、それによって行動のコントロールが自動的に行われている状態」
  （北居明著「経営理念研究の新たな傾向」大阪学院大学流通経営科学論集、1999年）
- 「成員が行動をとるときの指針や言動に反映されている状態」
  （田中雅子著「理念浸透プロセスの具体化と精緻化：3つのモデルを検討材料に」経営哲学、2012年）
- 「経営理念を自身の価値観や規範に取り入れ、行動に反映している状態」
  （廣川佳子・芳賀繁著「国内における経営理念研究の動向」立教大学心理学研究、2015年）

3 本章における経営理念・経営ビジョン浸透の定義

提示してきたこれらの経営理念の定義をまとめると、経営理念の浸透とは「経営理念を自分事として捉え、経営理念に沿った行動をとることができること」であり、経営理念が組織メンバーに浸透されている際に起こる過程や状態を示している。

本書では、これらを経営理念・経営ビジョン浸透の定義として以後進めていくことにする。

4 経営理念・経営ビジョン浸透の分類

経営理念・経営ビジョンの浸透は、組織メンバーに対しての内面化と定着化とに分類することができる。これらはどちらも経営理念・経営ビジョンの浸透と言えるものの、その内容は別のものである。

(1)内面化

内面化とは、個人の内面への浸透の程度を示しており、自分なりの意味に気がつき腑に落ちることを指す。

(2)定着化

定着化とは、どの程度反映されているのかを示しており、マネジメントや人事制度に理念が反映していることを指す。

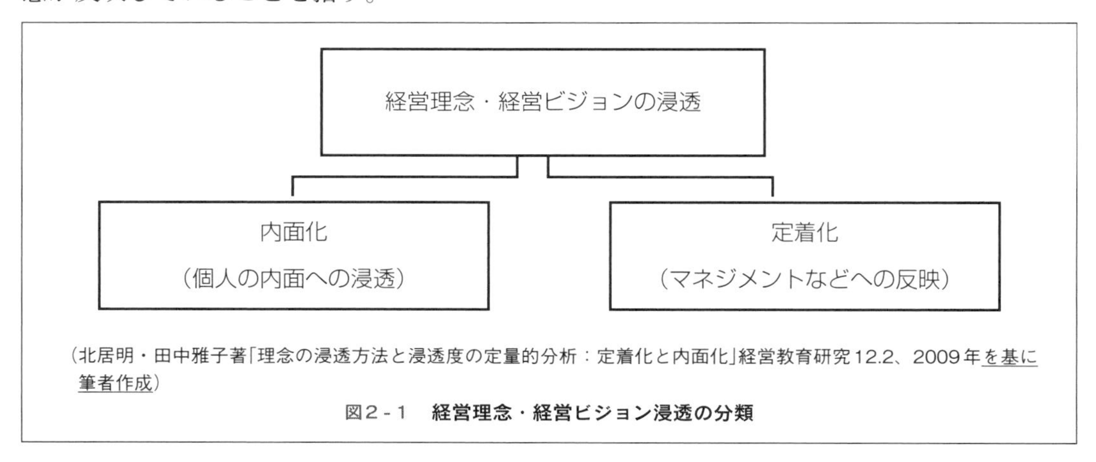

（北居明・田中雅子著「理念の浸透方法と浸透度の定量的分析：定着化と内面化」経営教育研究12.2、2009年を基に筆者作成）

図2-1　経営理念・経営ビジョン浸透の分類

経営理念・経営ビジョンの浸透はどのようにして行われるのか

1 経営理念・経営ビジョンの浸透手段

経営理念や経営ビジョンを組織メンバーに浸透させる手段は、一次浸透と二次浸透とに分類される。

(1)一次浸透

組織のリーダー層によって、当該組織の信条や価値観などを定着化させるものである。教育研修時(特に、入社時および新人時代)や社長などの当該組織のリーダー層による年始の挨拶などで経営方針について触れるという方法をとっている組織が多い。

(2)二次浸透

一次浸透を補完するような組織構造や伝統・慣習などである。一次浸透に加えてホームページやパンフレット、社内報、手帳などに掲載し、常日頃から目にする機会を設けていることもある。これらの方法によって組織メンバーに経営理念や経営ビジョンを定着させている。

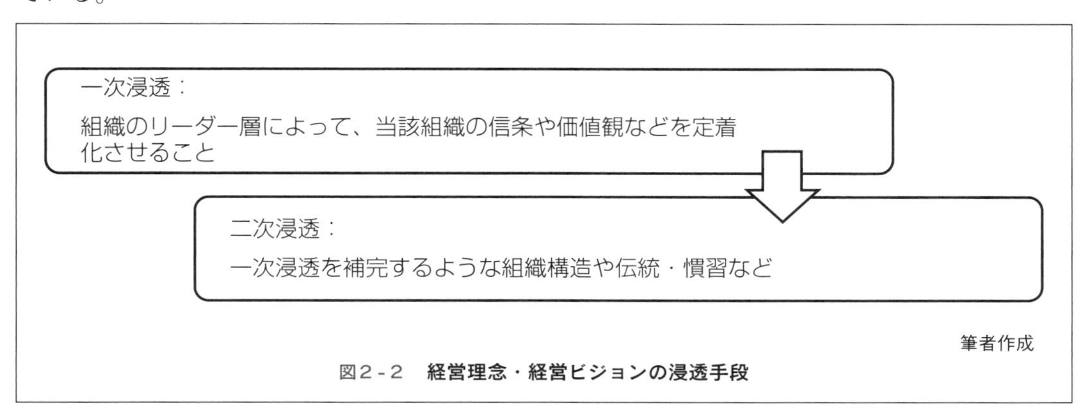

図2-2　経営理念・経営ビジョンの浸透手段

経営理念・経営ビジョンの浸透手段を見る限り、浸透のためにはリーダーシップが重要であることが分かる。では、どのようなリーダーシップが必要なのだろうか。まずは経営理念や経営ビジョンを繰り返し語り、次に部下のために行動を起こして、部下を支援することで、その言動がモデルケースとなると言われている。

つまり、組織のトップは、常日頃から経営理念や経営ビジョンについて語るだけでなく、経営理念や経営ビジョンについて部下とコミュニケーションをとりあい、経営理念や経営ビジョンに則った行動をとることが重要となる。

2　経営理念・経営ビジョンの浸透プロセス

組織メンバーに経営理念や経営ビジョンが浸透していくプロセスには、いくつかのルートがある。

①当該組織で経験したことについて、その経験を意味づけしていくことで、浸透が深まるというルート

②当該組織内のエピソードや他者の行動から当該組織のルールを学習していくことで、浸透が深まるというルート

③当該組織で感じる矛盾や疑問などから目をそらさずに議論していくことで、経営理念や経営ビジョンの意味を発見していくか、矛盾やギャップについて内省していくことで、浸透が深まるというルート

つまり、当該組織におけるさまざまな経験について考え、共感し、受容することで、経営理念や経営ビジョンが組織メンバーに浸透していくのである。

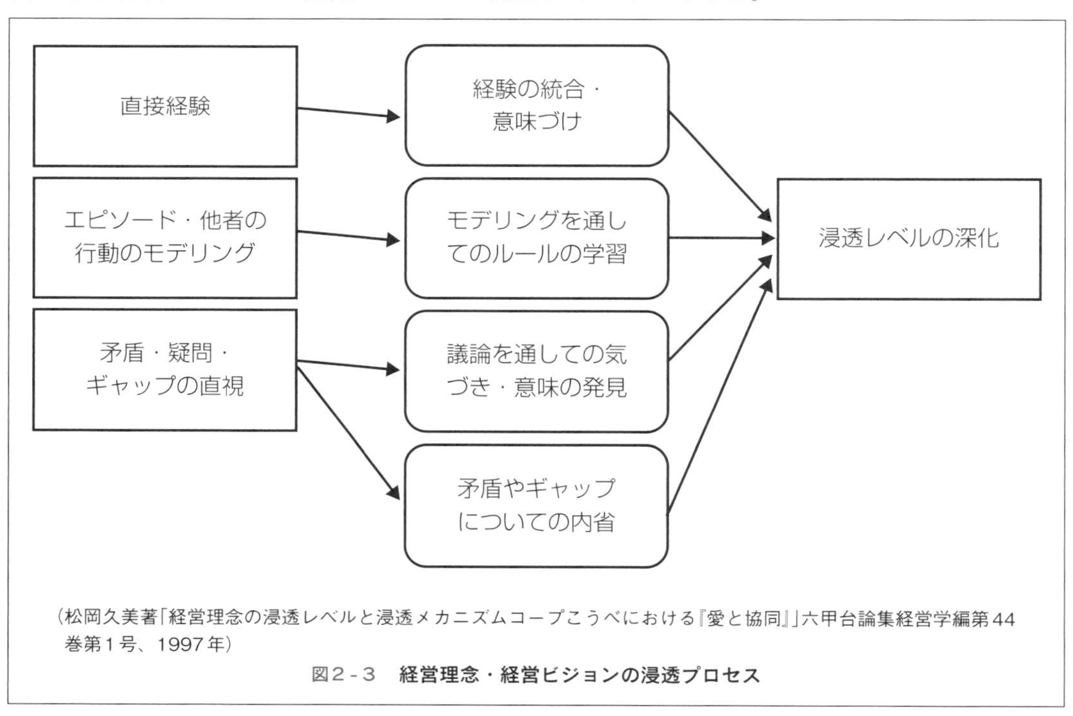

（松岡久美著「経営理念の浸透レベルと浸透メカニズムコープこうべにおける『愛と協同』」六甲台論集経営学編第44巻第1号、1997年）

図2-3　経営理念・経営ビジョンの浸透プロセス

3 医療機関における経営理念・経営ビジョンの浸透

第1章で述べたように、現代の医療のキーワードは「地域医療」である。そして、地域医療連携や地域包括ケアシステムなどを踏まえた経営理念や経営ビジョンが必要とされている。これらの経営理念や経営ビジョンを浸透させていくには、自院の組織メンバーだけに経営理念や経営ビジョンを浸透させれば良いという訳ではない。

地域医療連携や地域包括ケアシステムなどでは、自院以外の他の組織のメンバーにも同一の経営理念や経営ビジョンを浸透させることがベストである。それが無理でも連携する組織内の理念やビジョンを策定し、浸透させる必要がある。いずれにしても、地域医療連携や地域包括ケアシステムに属する組織ごとに、ここまで述べてきた浸透のプロセスを辿るようにマネジメントすることはもちろんのこと、さらにプラスαとして、各組織のリーダーも含めたメンバー同士の連携が必要となる。

例えば、地域包括ケアシステムを実行するためのサービスには、外出支援、買い物支援、家事援助、声かけや安否確認、サロン活動などの多様なサービスが考えられる。このサービスの主体は、地域の商店や郵便局、金融機関、NPO、社会福祉協議会、民生委員、ボランティア団体、町会などであるが、このような地域の社会資源をつなげたネットワークがいかに機能するかが地域包括ケアシステムの鍵となる。

つまり、地域医療連携や地域包括ケアシステム間(またはそれぞれの組織メンバー間)のネットワーク構築が必要となる。ネットワークが構築されることによって、結果として各組織のメンバーの経営理念・経営ビジョンの浸透へとつながるのである。なお、ネットワークについての詳細は第6章で述べる。

3 経営理念・経営ビジョンの浸透は本当になされたのか

1 経営理念・経営ビジョンの浸透レベル

第2節で経営理念や経営ビジョンの浸透方法について述べたが、本当に浸透したのかどうかについても調査する必要がある。そのため、ここでは経営理念・経営ビジョンの浸透度の評価について述べていくことにする。そのためには経営理念や経営ビジョンがどの程度浸透しているのかについての指標が必要であるため、まずは経営理念や経営ビジョンの浸透のレベルについて述べていくことにする。

組織メンバーが経営理念や経営ビジョンについて、ただ「知っている（知覚）」という段階はまだまだ浸透のレベルは浅い状態であり、そこから浸透のレベルが深まっていくと、「理解できる（理解）」ようになり、最終的には経営理念や経営ビジョンの内容に沿った「行動ができる（行動）」ようになる。

つまり、経営理念や経営ビジョンが組織メンバーに浸透している最も浅いレベルとしては、「言葉の存在を知っている、言葉を覚えている」ことが挙げられ、このレベルから徐々に浸透が深まり、最終的には最も深い浸透のレベルとして「理念を行動に結びつける、行動の前提となる、こだわる」ことができるようになるのである。

	レベル	内　容	
浅い	1	• 言葉の存在を知っている。 • 言葉を覚えている	知覚
↑	2	• 理念を象徴するような具体例を知っている。 • 実際に自分で経験したことがある。	↓ ↓ 理解
↓	3	• 理念の意味を解釈できる。 • 自分の言葉で言える。	↓ ↓
深い	4	• 理念を行動に結びつける。 • 行動の前提となる。 • こだわる。	行動

（松岡久美著「経営理念の浸透レベルと浸透メカニズムコープこうべにおける『愛と協同』」六甲台論集経営学編第44巻第1号、1997年を基に筆者作成

図2-4　経営理念・経営ビジョンの浸透レベル

2 経営理念・経営ビジョンの浸透度の評価

研究者の間では、経営理念や経営ビジョンが浸透したかどうかについてアンケート調査を実施することが多い。しかし、実際の企業組織においては、経営理念や経営ビジョンが浸透したかどうかについて、アンケート調査をすることはあまり多くない。実際には先ほど述べた経営理念や経営ビジョンの浸透のレベルのうち、どのレベルにあるのか客観的に観察していくことになる。

《経営理念・経営ビジョンの浸透度の評価のためのアンケート調査項目の一例》

- 新人教育・研修で、新入社員に植え付ける。
- 社長自ら末端の現場で指導することがある。
- 重要な意思決定が、理念や社是をもとに行われる。
- 課長研修のように、ミドルに理念や社是を刻み込む制度がある。
- 経営理念や社是に忠実な人が高く評価される。
- 社長の年頭あいさつや経営方針の発表会がある。
- 理念や社是にまつわるエピソードが、社内のあちこちで語り継がれている。
- 理念や社是を伝えるパンフレットがある。

（北居明・田中雅子著「理念の浸透方法と浸透度の定量的分析：定着化と内面化」経営教育研究、2009年）

確認問題

経営理念・経営ビジョンの浸透の浸透手段およびプロセスについて、正しいものを１つ選べ。

〔選択肢〕

①一次浸透とは、組織のリーダー層によって、当該組織の組織構造を定着化させるものである。

②二次浸透とは、一次浸透を補完するような組織構造や伝統・慣習などである。

③経営理念・経営ビジョンが浸透していくプロセスは単独のルートである。

④当該組織におけるさまざまな経験について客観視することで、経営理念や経営ビジョンが組織メンバーに浸透していく。

⑤地域医療連携や地域包括ケアシステムなどでは、参加する組織がそれぞれの経営理念・経営ビジョンを前面に出して行動していく必要がある。

解答 1

②

解説 1

①×：一次浸透とは、教育研修時(特に、入社時および新人時代)や社長などの当該組織のリーダー層による年始の挨拶などで経営方針について触れるという方法によって、当該組織の信条や価値観などを定着化させるものである。設問にある組織構造とは組織の体制のことであり、二次浸透で用いられる。基本的な組織構造として、職能別(機能別)組織、事業部制組織、マトリックス組織などがある。

②○：選択肢の通り。二次浸透は、一次浸透に加えてホームページやパンフレット、社内報、手帳などに掲載し、常日頃から目にする機会を設けていることもある。これらの方法によって組織メンバーに経営理念や経営ビジョンを定着させている。

③×：経営理念・経営ビジョンが浸透していくプロセスには3つのルートがある。具体的には、経験したことについて、その経験を意味づけしていくことで、浸透が深まるというルートがある。また、エピソードや他者の行動から当該組織のルールを学習していくことで、浸透が深まるというルートや感じる矛盾や疑問などから目をそらさずに議論していくことで、経営理念や経営ビジョンの意味を発見していくか、矛盾やギャップについて内省していくことで、浸透が深まるというルートがある。

④×：当該組織におけるさまざまな経験について客観視するのではなく、考え、共感し、受容することで、経営理念や経営ビジョンが組織メンバーに浸透していく。

⑤×：地域医療連携や地域包括ケアシステムなどでは、参加する組織がそれぞれの経営理念・経営ビジョンを前面に出していくのではなく、自院以外の他の組織のメンバーにも同一の経営理念や経営ビジョンを浸透させる必要がある。

経営理念や経営ビジョンの浸透について、正しいものを１つ選べ。

〔選択肢〕

①経営理念・経営ビジョンは組織メンバーに浸透させなくとも、その機能・効果は現れる。

②内面化とは、マネジメントや人事制度に理念が反映していることを指している。

③定着化とは、自分なりの意味に気がつき腑に落ちることを指している。

④ある程度浸透レベルが進むと、「言葉の存在を知っている、言葉を覚えている」という状態となる。

⑤浸透のレベルが深まると、経営理念や経営ビジョンの内容に沿った「行動ができる」ようになる。

解答 2

⑤

解説 2

①×：経営理念・経営ビジョンは組織経営において非常に重要なものである。しかし、ただ経営理念・経営ビジョンを策定すれば良いという訳ではない。しっかりと組織メンバーに浸透させ、組織メンバー間で共有してもらう必要がある。そうでなければ、経営理念や経営ビジョンの機能は発揮されず、効果も現れない。

②×：経営理念・経営ビジョンの浸透は、組織メンバーに対しての内面化と定着化とに分類することができる。これらはどちらも経営理念・経営ビジョンの浸透と言えるものの、その内容は別のものである。このうち、内面化とは個人の内面への浸透の程度を示しており、自分なりの意味に気がつき腑に落ちることを指している。

③×：経営理念・経営ビジョンの浸透は、組織メンバーに対しての内面化と定着化とに分類することができる。これらはどちらも経営理念・経営ビジョンの浸透と言えるものの、その内容は別のものである。このうち、定着化とはどの程度反映されているのかを示しており、マネジメントや人事制度に理念が反映していることを指している。

④×：経営理念や経営ビジョンの浸透の程度にはレベルがある。このうち、最も浅い浸透レベルでは、ただ「知っている（知覚）」という段階であり、「言葉の存在を知っている、言葉を覚えている」という状態である。

⑤○：選択肢の通り。最も深い浸透のレベルまで深まると、経営理念や経営ビジョンの内容に沿った「行動ができる（理念を行動に結びつける、行動の前提となる、こだわる）」ができるようになる。

第3章
経営戦略の基礎知識

1 経営戦略とは
2 経営戦略の位置づけ
3 経営戦略はなぜ必要なのか
4 経営戦略はどのようにして作られるか

経営戦略とは

1　経営戦略の定義

経営戦略もこれまで述べてきた経営理念や経営ビジョンと同様に、実務家や研究者の間においてさまざまな定義がなされており、一致した定義はなされていない。ここで提示している2つの経営戦略の定義は非常にシンプルで理解しやすい定義であるが、あくまでも一例であり、これら以外にも多数の定義が存在する。

《さまざまな経営戦略の定義》

●「企業や事業の将来のあるべき姿とそこに至るまでの変革のシナリオを描いた設計図」

（伊丹敬之・加護野忠男著「ゼミナール経営学入門第３版」日本経済新聞社、2003年）

●「いかに競争に成功するかというセオリー」

（ジェイB.バーニー著「企業戦略論（上）基本編：競争優位の構築と持続」ダイヤモンド社、2003年）

2　本章における経営理念・経営ビジョン浸透の定義

これらの経営理念の定義をまとめると、経営戦略とは「当該組織の目標や内外の環境要因を踏まえて、目標に到達するための作戦」であると言うことができる。

本書では、これらを経営戦略の定義として以後進めていくことにする。

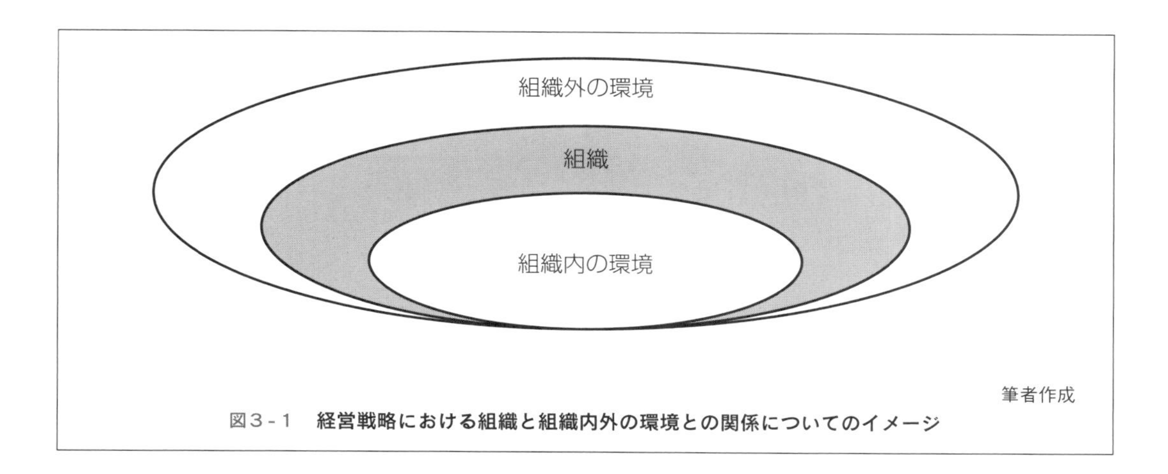

図3-1　経営戦略における組織と組織内外の環境との関係についてのイメージ

3 経営戦略における共通点

経営戦略には、未来に目を向け、長期的な視点で、短期的な成果に焦点を当てる訳ではなく、いくつかの実行可能な選択肢から選択し、ライバルとの競争に勝つためのものという共通点がある。つまり、さまざまな経営戦略には、「未来志向」、「長期志向」、「投資発想」、「選択性」、「競争優位性」という５つの共通点がある。

これらはそれぞれ文字通りの意味である。ただし、「選択性」については、限りある選択肢の中から最も満足できるレベルの選択を行うという「限定された合理性」に基づいて選択されることになるという意味である。

4 経営戦略の分類

経営戦略は、企業戦略、事業戦略、機能戦略に分類される。

まず、企業戦略とは全社戦略とも言われており、当該組織の製品やサービスなどと市場の組み合わせを考慮した当該組織全体に影響を及ぼす戦略である。

次に、事業戦略とは競争戦略とも言われており、当該組織の事業単位ごとにいかに競争していくのかに焦点を当てている事業全体に影響を及ぼす戦略である。

そして、機能戦略とは当該組織内のさまざまな機能（研究開発、購買、生産、営業、財務、人事、物流、情報システムなど）の生産性を高めることに焦点を当てた組織内の各機能に影響を及ぼす戦略である。

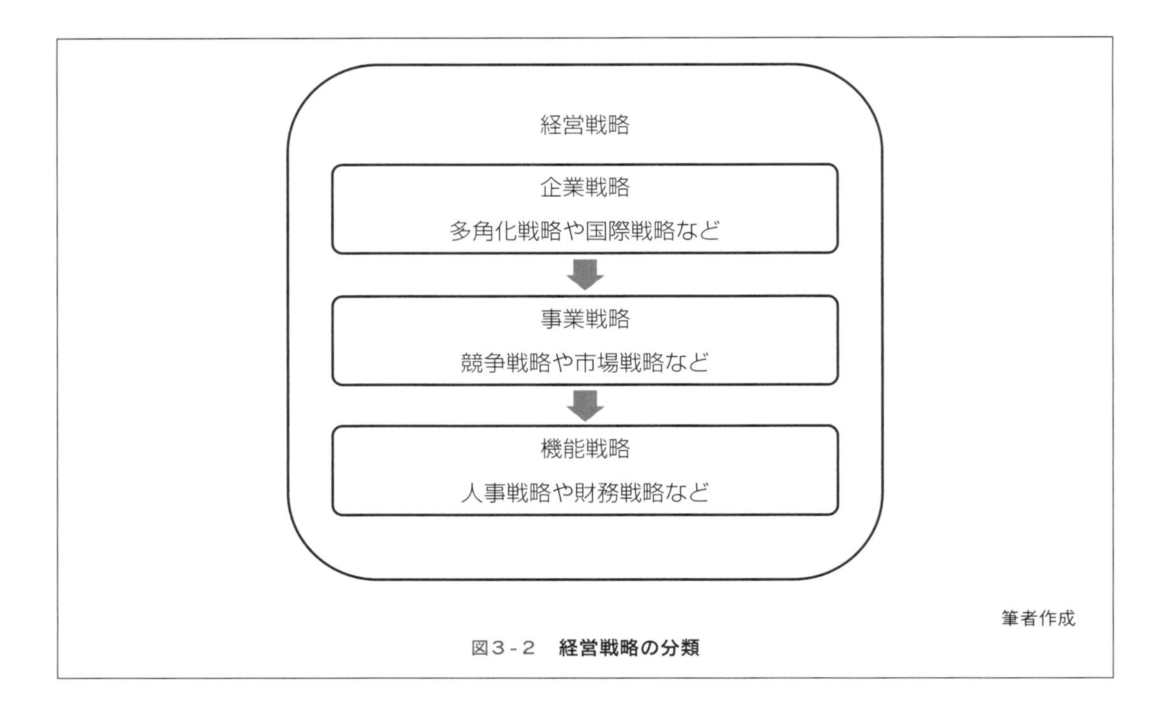

筆者作成

図3-2　**経営戦略の分類**

column　限定された合理性

限定された合理性とは、人間が意思決定の過程での選択の際に、最も良い案を合理的に選択するのではなく、限りある選択肢の中から最も満足できるレベルの選択を行うというものである。

人間は意思決定のプロセスで完全な知識を持っているわけではない。つまり、人間の情報処理能力は限られており、意思決定の選択肢をすべてリストアップすることはできないのである。したがって、人間の意思決定＝最適解ではなく、どうにかして満足できるレベルのものに落ち着く。つまり、人は満足できる水準で意思決定を行うとするものである。

経営戦略の位置づけ

1 経営戦略と経営理念・経営ビジョンとの関係

前節で述べたように、経営戦略とは「当該組織の目標や内外の環境要因を踏まえて、目標に到達するための作戦」であるが、ここでいう当該組織の目標とは、「組織の存在意義や使命とそれを実践するための行動指針や規範など」を指している。つまり、経営理念や経営ビジョンを指しているのである。経営理念や経営ビジョンには、事業領域(ドメイン)を選択する際の根拠という意味合いもあり、当該組織の経営戦略に対して非常に大きな影響を及ぼしている。さらに、経営理念や経営ビジョンは、長期的な経営戦略の策定だけでなく、日々の業務活動における価値の基準とされる場合もある。

これらのことから、経営戦略は経営理念や経営ビジョンの下流に位置づけられていることが分かる。つまり、経営戦略とは「経営理念および経営ビジョンを具現化するためのアプローチ」であり、経営理念および経営ビジョンと経営戦略との関係は、経営理念・経営ビジョンを基にした上下関係にある。

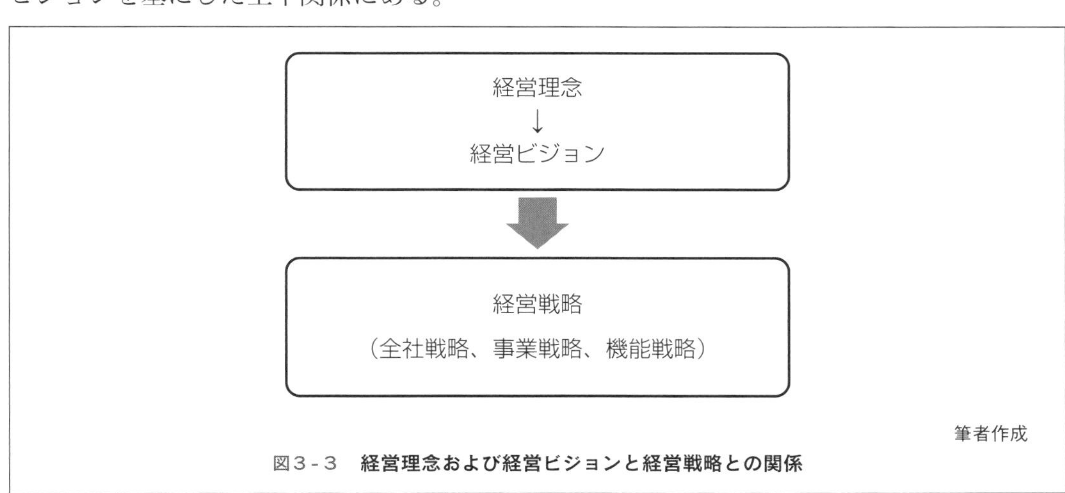

図3-3　経営理念および経営ビジョンと経営戦略との関係

2 経営戦略の組織における位置づけ

経営理念および経営ビジョンと経営戦略との関係は、上下関係にあるものとされており、経営理念および経営ビジョンをきっちりと策定することで、経営戦略を策定することはできる。このことからも経営理念や経営ビジョンは、組織経営にとってなくてはならない非常に重要なものであり、組織経営における中核となるものとして位置づけられているものだと分かる。

では、経営戦略は組織経営においてどのような位置づけになるのだろうか。詳細は次節で述べるが、組織が成長したり、生き残ったりするためには、当該組織の目標を明確にし、それを組織メンバーに浸透させ、当該組織内外の環境要因に臨機応変に対応しなければならない。つまり、組織が存続し続け成長していくためには経営戦略は必要不可欠なものなのである。このことから、経営理念や経営ビジョンと同様に、経営戦略は組織経営における中核となるものとして位置づけられる。なお、このことは医療機関においても同様であり、なくてはならないものである。

3 経営戦略はなぜ必要なのか

1 経営戦略の機能・効果

経営戦略は、「当該組織の目標や内外の環境要因を踏まえて、目標に到達するための作戦」であり、経営理念および経営ビジョンを具現化するためのアプローチであるが、当該組織に経営戦略がないと組織の存続や成長が望めなくなる可能性が高くなる。

経営戦略の定義を分解すると、「組織の目標」と「組織内外の環境」がキーワードとなることが分かるだろう。「組織の目標」を踏まえずに行動するとどうなるだろうか。また、「組織内外の環境」を考慮せずにいるとどうなるだろうか。これらを考えるだけでもデメリットが数多く頭に浮かぶことだろう。例えば、組織メンバーが目指す方向がバラバラだった場合、良い製品を製造したり、良いサービスを提供したりすることはできない。

なお、この「組織の目標」は、第1章および第2章で述べてきた「経営理念・経営ビジョン」をさらに具体化したものと言うことができる。つまり、「経営理念・経営ビジョン」が当該組織メンバーに浸透される必要があるということである。

また、自分たちの長所や短所などを把握しないまま製品の製造やサービスの提供を行った場合や、景気や政策、そして同業種の状況を理解しないままでいると、自組織でいくら良い製品を製造しても、いくら良いサービスを提供しても、他の組織より高価であったり、求めているものとは異なったりする場合がある。そうすると顧客の心や財布には響かず、顧客は離れていくことになる。その結果、自組織が成長できなくなるだけでなく、その存続さえも怪しくなってしまう。このような状況にならないためにも、組織メンバーが同じ方向を向き（ベクトルを合わせ）、周囲の環境を考慮した自組織にあった行動をすることで、他の組織との競争に勝つことが可能となる。

そのための作戦が経営戦略なのである。つまり、経営戦略には、他の組織との競争に勝ち、自組織が存続・成長していくという機能や効果があり、組織経営において経営戦略は非常に重要なものなのである。

なお、組織内の環境と組織外の環境とは、どちらが重要なのかという質問を受けることがある。答えとしては、組織内外の環境はどちらも重要としか言えない。車の両輪をイメージしてもらえればよい。組織内外の経営環境については第4章で述べることにする。

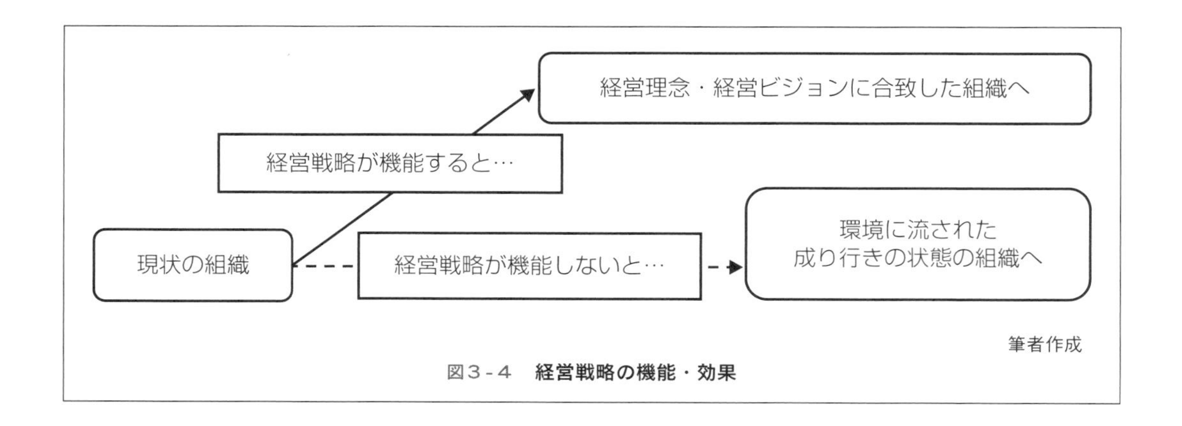

図3-4　**経営戦略の機能・効果**

2　医療機関における経営戦略の機能・効果

医療機関においても他の医療機関との競争に勝ち、存続・成長していかなければならない。そのため、医療機関においても経営戦略は非常に重要なものである。例えば、医療機関特有の環境として医療政策(医師確保対策、地域医療構想など)があるが、これらは無視できるものではない。例えば、地域包括ケアシステムの構築に向け、在宅医療介護連携が推進されているが、このような経営環境に適応していかない医療機関はどのようなことになるのか想像に難くない。

しかし、現状は経営戦略など策定されておらず、いわゆる行き当たりばったりの経営を行っている医療機関は少なくない。一昔前のように、医療機関は潰れないものという時代は過ぎ去り、医療機関においても倒産やM&Aなどは日常茶飯事のように起こっている。このような状況であるため、医療機関が生き残っていくためにも経営戦略は必要不可欠なものなのである。

経営戦略はどのようにして作られるか

1 経営環境の分析

前節で述べたように、経営戦略とは「当該組織の目標や内外の環境要因を踏まえて、目標に到達するための作戦」であり、経営理念および経営ビジョンを具現化するためのアプローチである。そのため、組織が存続・成長していくためには、組織メンバーがベクトルを合わせ、組織内外の経営環境を考慮する必要がある。つまり、効果的な経営戦略を策定するためには、まず組織内外の経営環境について分析し把握する必要がある。

経営環境の分析方法については、一般的に外部環境分析と内部環境分析の2つに分類されることが多いが、本書では外部環境と内部環境を同時に分析するものを総合的環境分析として加えることにする。つまり、本書における経営環境の分析は、外部環境分析、内部環境分析、総合的環境分析の3つに分類することにする。これらの経営環境の分析方法は複数存在するが、そのうち主要な分析方法についての詳細は第4章で述べる。

2 事業領域(ドメイン)の設定

さまざまな経営環境の分析方法にて組織内外の経営環境を分析できたならば、次に事業領域(ドメイン)の設定をする必要がある。ドメインを設定するということは、経営環境の分析結果に基づいて、焦点を当てる市場や顧客を決定し、当該組織の事業を展開する範囲を設定することである。具体的には、「誰に」「何を」「どのように」製品やサービスを提供するのかという方向性を明確にするということである。ドメインについての詳細は第5章で述べる。

3 経営戦略の策定

経営環境を分析し、ドメインが設定されたなら、次はドメインに適合した経営戦略を策定することになる。ただし、いったん経営戦略を策定した後にも状況次第では、ドメインの見直しや経営環境を再分析する必要がある。なお、経営戦略にはさまざまなものがあるが、そのうち代表的な経営戦略についての詳細は第6章で述べる。

では、誰が経営戦略を策定するのだろうか。経営戦略の策定には、一般的にはトップダウン型とボトムアップ型の2つのパターンがある。

(1)ボトムアップ型の経営戦略策定モデル

経営企画部門などが自組織内外の経営環境の分析を行い、ドメインを設定し、どのような経営戦略を実行するとどのような結果が想定できるのかシミュレーションした結果を踏まえて、経営陣を説得することになる。

(2)トップダウン型の経営戦略策定モデル：

経営陣(特に社長、取締役など)から、指示(業務命令)として経営戦略が提示され、部下はその策定された経営戦略に則った行動をとることになる。

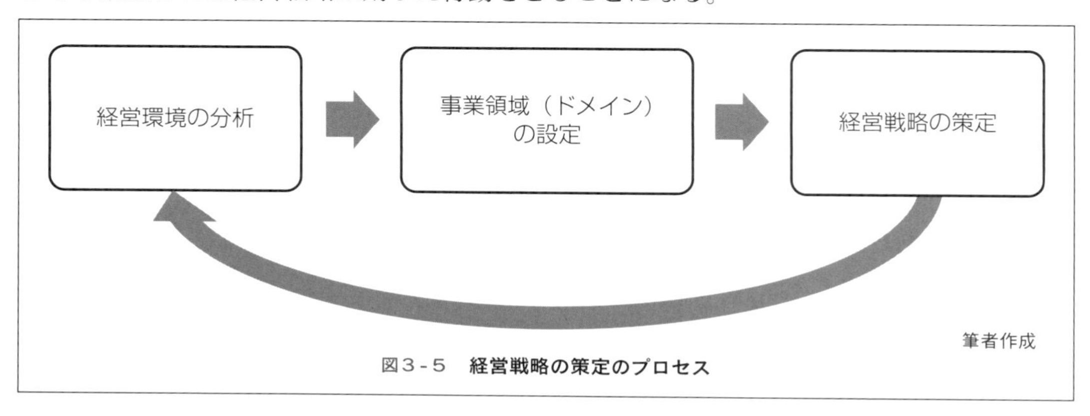

筆者作成

図3-5　経営戦略の策定のプロセス

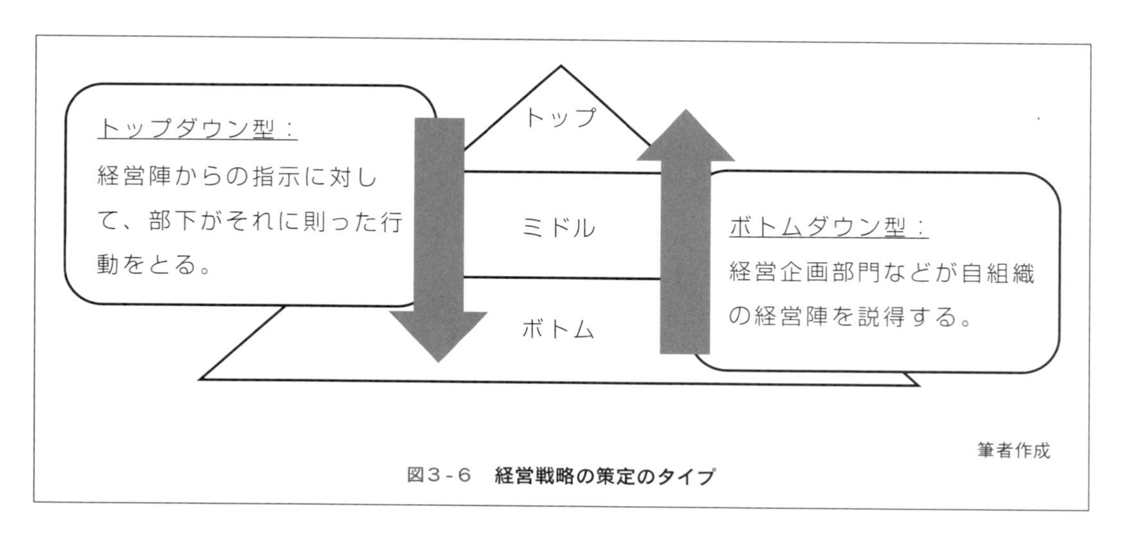

筆者作成

図3-6　経営戦略の策定のタイプ

経営戦略について、正しいものを１つ選べ。

〔選択肢〕

①さまざまな経営戦略には、「未来志向」「長期志向」「投資発想」「選択性」「競争優位性」という５つの共通点がある。

②企業戦略とは当該組織内のさまざまな機能の生産性を高めることに焦点を当てた組織内の各機能に影響を及ぼす戦略である。

③事業戦略とは当該組織の製品やサービスなどと市場の組み合わせを考慮した当該組織全体に影響を及ぼす戦略である。

④機能戦略とは当該組織の事業単位ごとにいかに競争していくのかに焦点を当てている事業全体に影響を及ぼす戦略である。

⑤限定された合理性とは、人間が意思決定の過程での選択の際に、最も良い案を合理的に選択するというものである。

確認問題

解答 1

解説 1

①○：選択肢の通り。経営戦略には、未来に目を向け、長期的な視点で、短期的な成果に焦点を当てる訳ではなく、いくつかの実行可能な選択肢から選択し、ライバルとの競争に勝つためのものという共通点がある。つまり、さまざまな経営戦略には、「未来志向」「長期志向」「投資発想」「選択性」「競争優位性」という５つの共通点がある。

②×：企業戦略とは当該組織の製品やサービスなどと市場の組み合わせを考慮した当該組織全体に影響を及ぼす戦略である。

③×：事業戦略とは事業単位ごとにいかに競争していくのかに焦点を当てている事業全体に影響を及ぼす戦略である。

④×：機能戦略とは当該組織内のさまざまな機能の生産性を高めることに焦点を当てた組織内の各機能に影響を及ぼす戦略である。

⑤×：限定された合理性とは、人間が意思決定の過程での選択の際に、最も良い案を合理的に選択するのではなく、限りある選択肢の中から最も満足できるレベルの選択を行うというものである。

問題2 経営戦略について、正しいものを１つ選べ。

〔選択肢〕

①経営理念および経営ビジョンと経営戦略との関係は、経営戦略を基にした上下関係にある。

②経営戦略には、組織の存在意義や使命とそれを実践するための行動指針や規範などがある。

③組織が存続もしくは成長していくためには、組織メンバーがベクトルを合わせ、組織内外の経営環境を考慮する必要がある。

④ボトムアップ型の経営戦略策定モデルとは、経営陣から、指示として経営戦略が提示され、部下はその策定された経営戦略に則った行動をとることになるというモデルである。

⑤トップダウン型の経営戦略策定モデルとは、経営企画部門などが自組織内外の経営環境の分析を行い、ドメインを設定し、どのような経営戦略を実行するとどのような結果が想定できるのかシミュレーションした結果を踏まえて、経営陣を説得するというモデルである。

解答 2

③

解説 2

①×：経営理念および経営ビジョンと経営戦略との関係は、経営理念・経営ビジョンを基にした上下関係にあり、経営戦略は経営理念や経営ビジョンの下流に位置づけられている。

②×：経営戦略には、他組織との競争に勝ち、組織が存続・成長していくという機能や効果がある。設問の内容は、経営理念や経営ビジョンを指している。

③○：選択肢の通り。組織が存続もしくは成長していくためには、組織メンバーがベクトルを合わせ、組織内外の経営環境を考慮する必要がある。つまり、効果的な経営戦略を策定するためには、まず組織内外の経営環境について分析し把握する必要がある。

④×：機能戦略とは当該組織内のさまざまな機能の生産性を高めることに焦点を当てた組織内の各機能に影響を及ぼす戦略である。経営戦略の策定には、一般的にはトップダウン型とボトムアップ型の２つのパターンがある。ボトムアップ型の経営戦略策定モデルとは、経営企画部門などが自組織内外の経営環境の分析を行い、ドメインを設定し、どのような経営戦略を実行するとどのような結果が想定できるのかシミュレーションした結果を踏まえて、経営陣を説得するというモデルである。

⑤×：経営戦略の策定には、一般的にはトップダウン型とボトムアップ型の２つのパターンがある。トップダウン型の経営戦略策定モデルとは、経営陣から、指示として経営戦略が提示され、部下はその策定された経営戦略に則った行動をとることになるというモデルである。

第4章

経営環境の分析

1 経営環境の分析にはどのようなものがあるのか

1　経営環境別の分析方法

第3章で述べたように、効果的な経営戦略を策定するためには、まず組織内外の経営環境について分析し把握する必要がある。そして、その分析方法は外部環境分析、内部環境分析、そしてそれらを同時に行う総合的環境分析に分類される。

まず、外部環境分析とは、自組織を取り巻く外部の環境を理解するために分析することであり、代表的な分析方法にPEST分析やファイブフォース分析がある。

次に、内部環境分析とは、自組織内の環境を理解するために分析することであり、代表的な分析方法にバリューチェーン、VRIO分析、PPM(プロダクト・ポートフォリオ・マネジメント)がある。

そして、総合的環境分析とは、外部環境分析と内部環境分析を同時に行うものであり、代表的な分析方法に3C分析やSWOT分析がある。

以下に提示しているものはその分類を図式化したものである。これらの分析方法の詳細については次節以降順次述べていくことにする。

表4-1　代表的な経営環境の分析方法

外部環境分析	・PEST分析 ・ファイブフォース分析
内部環境分析	・バリューチェーン ・VRIO分析 ・PPM（プロダクト・ポートフォリオ・マネジメント）
総合的環境分析	・3C分析 ・SWOT分析

筆者作成

2 外部環境分析① ——PEST分析とは

1 PEST分析とは

PEST分析とは、マクロ環境分析とも言われており、「政治(Politics)」、「経済(Economy)」、「社会(Society)」、「技術(Technology)」の4つの頭文字をとって名付けられた分析方法である。これらの4つは、さまざまな外部環境の中でも特に当該組織では統制することができない、いわゆるマクロ環境に該当する。マクロ環境は組織経営に非常に大きな影響を及ぼすものである。

PEST分析は、このようなマクロ環境の変化を察知し、不測の事態への対策や流行を味方につけることなどを行うことを目的としている。

図4-1 PEST分析

2 PEST分析における4つのマクロ環境

(1)政治(Politics)

法律、規制、条例、政策などによって生じる環境の変化を指している。

法改正や規制変更などに迅速に対応できるか否かは、組織の収益に非常に大きな影響を及ぼすことになる。消費税の増税は消費者の購買心理に非常に大きな影響を及ぼし、不動産や自動車、エアコンなどの高額商品だけでなく、日々の生活用品の買い控えなどにつながり、その結果として自組織の収益に非常に大きな影響を及ぼすことになる。また、規制緩和に対応できた組織の売り上げは大幅に上昇し、反対に対応できなかた組織は大きなチャンスを失うことになる。

(2)経済(Economy)

景気動向、経済成長率、為替動向、物価動向、市場動向などによって生じる環境の変化を指している。

景気の変化や原油価格の変動は消費者の消費行動に密接に関連しており、これらの変化に迅速に対応できるか否かは、組織の収益に非常に大きな影響を及ぼすことになる。好景気の場合は産業全体の収益環境が良好となり、組織の収益にも良い影響を及ぼすことになる。反対に不景気の場合は産業全体の収益環境が悪化し、組織の収益に悪い影響を及ぼすことになる。また、原油価格が高騰すると、輸送業界だけでなく個人の行動の低下につながり、反対に原油価格が低下すると、輸送業界だけでなく個人の行動の拡大につながることになる。

(3)社会(Society)

人口、習慣、世論などによって生じる環境の変化を指している。

少子高齢化や環境問題への対応を迅速に行えるか否かは、組織の収益に非常に大きな影響を及ぼすことになる。例えば、人口動態を予測できていると、組織が今後生産していく製品や提供するサービスを考えることができる。反対に人口動態を予測できていないと、将来的外れで消費者に見向きもされない製品やサービスを提供していくことになりかねない。また、環境問題は世界レベルで協調行動が求められているため、これに対応していかなければならない。

(4)技術(Technology)

新しい技術の出現や既存の技術の進化を指している。

技術の変化への対応を迅速に行えるか否かは、組織の収益に非常に大きな影響を及ぼすことになる。例えば、新しい技術は仕事のあり方そのものさえも変化させることになる。AIやドローンなどは新しい技術の象徴的な存在であるが、この他にもIoTやテレワークなどのように、日々進化するさまざまな技術に組織が対応していくことは非常に重要なのである。

3　PEST分析の実施プロセス

まず、PEST分析を実施する目的を再確認し、その後に当該組織に関連する「政治

(Politics)」「経済(Economy)」「社会(Society)」「技術(Technology)」の4つのマクロ環境に該当する情報を把握するために該当する情報を収集する。

次に、収集した情報から今後の市場で起こり得る可能性を考え、それを基に仮説を立てる。そして、この仮説に従って戦略を立案していくことになる。

4 医療機関におけるPEST分析

ここに提示したものは医療機関独自のマクロ環境の一例である。これ以外にも「2 PEST分析における4つのマクロ環境」で述べたものや、読者の所属する医療機関独自のものなど数多く存在する。読者には、それらを含めたPEST分析を実施して欲しい。

(1)政治(Politics)

医療機関は他の業界よりも政治というものから、良くも悪くも非常に影響を受けやすい業界である。

例えば、2017年の第8次医療法改正では、特定機能病院のガバナンス改革に関する規定や医療機関のwebサイトなどにおける虚偽、誇大等の表示規制などが創設され、その2年前の2015年の第7次医療法改正では、地域医療連携推進法人制度の創設や医療法人制度の見直しがなされている。さらに2014年には第6次医療法改正があり、病床機能報告制度と地域医療構想の策定により病床の機能分化・連携を推進や医師や看護師を含む医療従事者の確保対策、特定機能病院の承認の更新制の導入、医療従事者の労働環境の改善対策、在宅医療の推進などがなされている。これらは、いずれも各医療機関の経営の根幹をなすものであり、数年ごとに改正される医療法に各医療機関は対応していかなければ医療機関は存続できない。特に最近の傾向として、地域医療に関する改正が多い傾向にあるため、常に最新の政治動向について注視していく必要がある。

(2)経済(Economy)

当然ながら経営資源を充足させることは一般的な企業組織と同様に重要なことである。そのため、基本的には一般的な企業組織と同様に、景気動向、経済成長率、物価動向、市場動向など影響を受ける。医療機関独自のものとしては、薬価や診療報酬などの変動が考えられる。これらは医療機関における直接の収益であり、変動の幅が大きければ大きいほど当該医療機関に及ぼす影響は大きくなり、場合によっては当該医療機関の存続にも関与する。

(3)社会(Society)

少子高齢化は医療業界においても非常に大きな影響を及ぼしている。特に高齢の患者が多いことは周知の事実である。また、医療機関の機能分化によって、地域医療連携などが必要となってきている。さらに、永遠の課題とも言えるが、医療スタッフの不足などが該当する。そのため、これらにいち早く対応していく必要がある。この他にも、生活習慣の変化にも対応していく必要がある。現在、世間一般の人がどのような生活習慣を望んでいるのか、そのためにはどのような対応が必要なのかについても考えていく必要がある。

(4)技術(Technology)

医療業界に関連するテクノロジーは日々進化している。医師だけでなく医療に携わるすべての人々がその進化についていく必要がある。

例えば、手術機器などに代表される医療機器だけではなく、医療情報の処理などに精通することが医療の質の向上にもつながる。そのため、日々進化するテクノロジーに関する情報について最新の知識を保持していく必要がある。また、最近の傾向として、医療機関へのアクセスや感染症対策などへの対策として遠隔診療(オンライン診療)の実施や、さまざまな疾病に対する新薬の開発などがなされている。これらにも対応していく必要がある。そのため、やはり最新のテクノロジーに関する情報の収集と把握は必要である。

3 外部環境分析② ――ファイブフォース分析とは

1 ファイブフォース分析とは

ファイブフォース分析とは、事業環境分析とも言われており、「競合企業」、「新規参入者」、「代替品」、「売り手」、「買い手」の5つの競争要因について業界の収益性を分析する枠組みのことである。

ファイブフォース分析は、当該組織が属する業界構造や収益性を明らかにし、競争が起きる要因を把握することを目的としている。

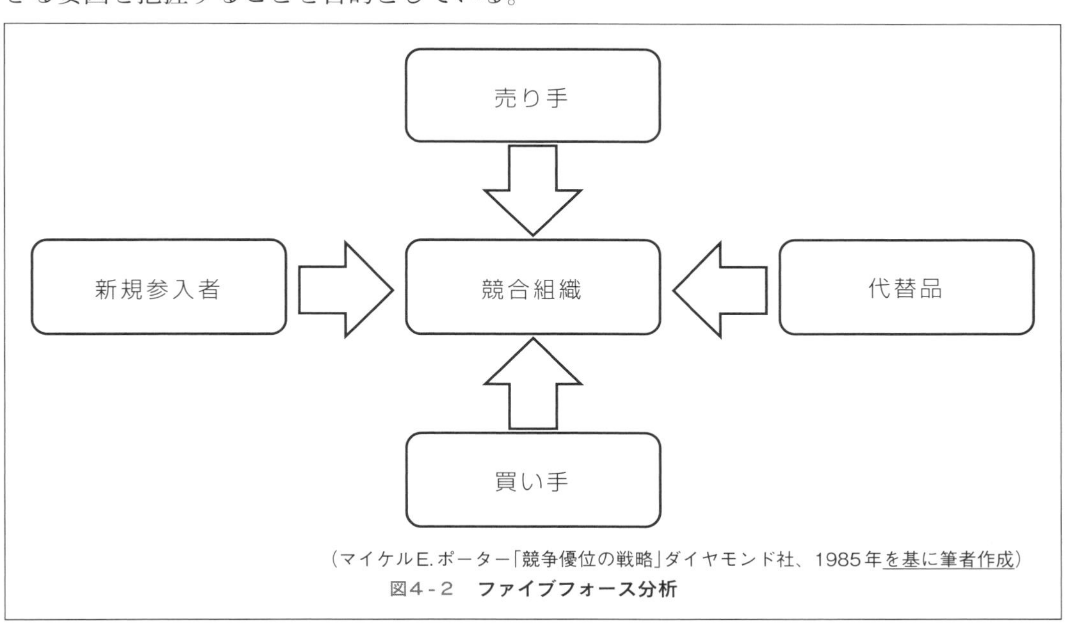

（マイケルE.ポーター「競争優位の戦略」ダイヤモンド社、1985年を基に筆者作成）

図4-2　ファイブフォース分析

2 ファイブフォース分析における5つの競争要因

(1)競合企業

同一業界内におけるライバルとの組織間の競争を指している。

一般的にライバル組織が少なければ少ないほど、業界内の競争は穏やかなものになりやすいが、ライバル企業が多ければ多いほど、競争は厳しくなりやすい。つまり、同一業界内における競合組織間のライバル関係が強ければ、その業界の収益は少なくなるのである。ライバル関係の強弱をはかる尺度には、競合しているライバル組織の数、所属している業界自体の成長度の高さ、製品やサービスの差異化の難しさなどがあり、これらを調査する必要がある。

(2)新規参入者

業界内に新規に参入してくるライバル組織の脅威を指している。

競合しているライバル組織の増加などを招くため、同一業界内の競合に影響を及ぼす。新規参入が容易な業界においては、業界自体の収益が向上したとしても、すぐに新規の参入者が増加することで収益は低下してしまう可能性がある。つまり、業界内に新規参入者が多ければ多いほど、新規参入者は当該業界の競争を激化させ、当該業界の収益は低下してしまうのである。

なお、新規参入者が検討すべき障壁として、規模の経済性、既存組織に対する製品の差別化、投資額、仕入れ先変更に伴うコスト、流通チャネルの確保などが挙げられる。

(3)代替品

代替される製品やサービスの脅威を指している。

顧客のニーズを満たしている既存の製品やサービス以外のものが新たに出現した場合、対象となる製品やサービスが脅威となり、業界内の収益が低下する。より費用対効果の高い代替品が出現すると、その製品やサービスに押され、収益は低下する可能性がある。つまり、当該業界内で販売されている製品やサービスに代替する製品やサービスがあった場合、それらは競合する相手となり、その業界の収益を低下させる。

(4)売り手

部品や原材料などを扱う他の組織である供給業者を指している。

供給業者が強い交渉力を持っている場合、自組織である買い手側の収益は低下する可能性がある。供給業者の数が少なく、独占的なオリジナルの技術を持っていればいるほど、自組織である買い手側は高い価格を受け入れなければならなくなる。

(5)買い手

自組織の製品やサービスを利用する顧客やユーザーを指している。

顧客やユーザーの力が強い場合、自組織である売り手側は多大な値引きを要求されやすく、収益が向上し難くなる。つまり、強大な購買力を持った顧客やユーザーに販売する組織は、一般的に大きな収益を挙げることは難しくなるのである。

3 ファイブフォース分析の実施プロセス

基本的にはPEST分析と同様のプロセスである。

まず、ファイブフォース分析を実施する目的を再確認し、その後に自組織を起点とした「競合企業」「新規参入者」「代替品」「売り手」「買い手」の５つ競争要因に該当する情報を把握するために該当する情報を収集する。その結果として、自組織の業界内での立ち位置を把握することにつながる。

次に、収集した情報から今後の市場で起こり得る可能性を考え、仮説を立てる。そして、この仮説に従って戦略を立案していくことになる。

4 医療機関におけるファイブフォース分析

ここに提示したものは医療機関独自のファイブフォース分析の一例である。これ以外にも「2　ファイブフォース分析における５つの競争要因」で述べたものや、読者の所属する医療機関独自のものなど数多く存在する。読者には、それらを含めたファイブフォース分析を実施して欲しい。

(1)競合企業

新しい医療機関が設立されたり、新しい診療科目が新たに確立されたりすることは、あまり多くないため、同一診療地域内にある既存の医療機関同士による競争が行われている。医療機関の特徴として、診療報酬制度による同一診療同一価格が規定されているため、価格以外での競争となる。ただし、営利組織の参入は法律で制限されており、そういう意味では競争があるものの、それは比較的ゆるやかなものであると言える。

(2)新規参入者

医療機関における新規参入者とは、自組織の近隣（二次医療圏）に参入していくる（開業してくる）同一診療科を標榜する医療機関のことである。しかし、日本では二次医療圏ごとに基準病床数が定められているため、既存の病床数が基準病床数を上回る病床過剰地域では病院開設認可が下りないという規制がある。これが参入障壁となって新規参入者をブロックしやすいという特徴がある。

(3)代替品

基本的に医療機関の提供しているサービスは代替できるものではないが、一部例外がある。例えば、健康診断に代表される予防医療や温泉の効能を期待する湯治などである。しかし、これらのものは医療機関の提供しているサービスの真の意味での代替とはなり得ない。

(4)売り手

医薬品や医療機器、医療材料、一般消耗品、給食、清掃などの各種業者、医師の人事を司る大学医局、医療スタッフを輩出する大学などの養成所などが該当する。このうち、医薬品や医療機器などを扱う業者や大学医局などは比較的交渉力が高く、給食や清掃の業者、医療スタッフの養成所などの交渉力は比較的低いという特徴がある。

(5)買い手

医療機関を利用する患者が該当する。医療機関を利用する患者の交渉力は、情報の非対称性などもあり、一般的に他の業界と比較して弱いという特徴がある。これは医療という専門的な知識が必要な分野であるためやむを得ないことではあるが、患者の交渉力が弱いからといって、医療機関は何をしてもよいという訳ではない。医療機関のエゴで患者を押し切った場合、何か問題が起こったらどうするというのだろうか。いや、何か起こらなくても倫理的にどうなのかについて考える必要がある。医療機関において信用ほど大事なものはないのである。特に最近は患者もインターネットなどを通じて情報を収集しやすくなっており、真摯に対応していく必要がある。

なお、最近では情報の非対称性を補うためにセカンドオピニオンが一般化してきている。セカンドオピニオンとは、受診している医師以外の医師の診察を受け、意見を聴くというものである。このセカンドオピニオンを拒むのではなく、率先して進めていくことで、当該医療機関の正当性を示すことにつながり、患者の信頼を得る近道になるのかもしれない。

内部環境分析①
——バリューチェーンとは

1 バリューチェーンとは

バリューチェーンとは、価値連鎖とも言われており、自組織が展開した事業内容について「主活動」と「支援活動」に分類し、付加価値を生み出していく一連の活動(価値創造活動)である。自組織により高い競争優位をもたらすために、この価値創造活動のうち、どの工程で価値創造が行われているのかを分析し、これらの活動の連鎖をどのように再構築するかを検討することになる。ライバル組織を対象とした競争優位性などを明確にすることを目的としている。

なお、バリューチェーンにおける「主活動」とは商品が顧客やユーザーに届くまでの流れをつくる活動であり、「購買物流」「製造」「出荷物流」「販売・マーケティング」「サービス」の5つの活動を指している。また、「支援活動」とは商品を届ける流れを支える活動であり、「全般管理」「人事・労務管理」「技術開発」「調達」の4つの活動を指している。

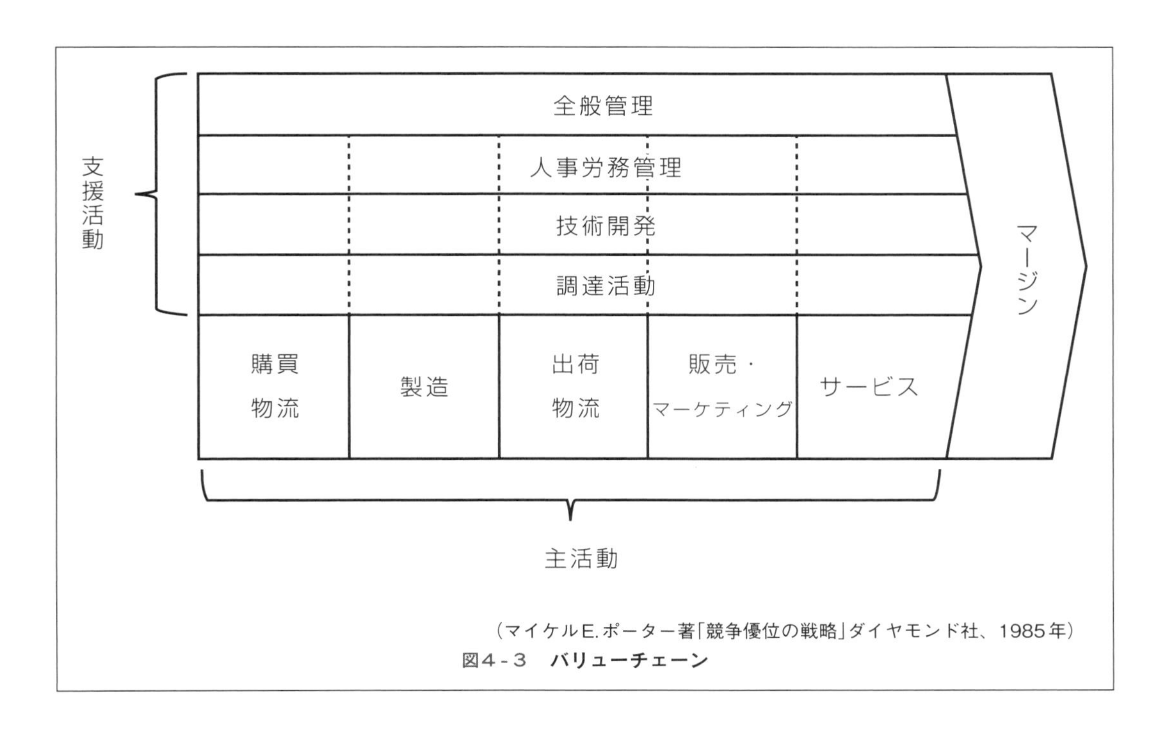

(マイケルE.ポーター著「競争優位の戦略」ダイヤモンド社、1985年)

図4-3 バリューチェーン

2　バリューチェーンにおける5つの主活動

(1)購買物流

部品や原材料などの仕入れ、管理、配送に関わる活動のプロセスが該当する。

(2)製造

製品やサービスの具体的な加工や工程を管理するオペレーションなどの製造プロセスが該当する。

(3)出荷物流

在庫管理から製品やサービスを顧客に提供するまでの物流のプロセスが該当する。

(4)販売・マーケティング

広報活動に関連するプロセスが該当する。

(5)サービス

製品やサービスの導入支援や問い合わせへの対応などの顧客へのアフターサービスの活動プロセスが該当する。

3　バリューチェーンにおける4つの支援活動

(1)全般管理

経営企画や財務などの事業全体に関連する活動のプロセスが該当する。

(2)人事労務管理

雇用、育成、評価、処遇などの人事・労務、総務に関連する活動のプロセスが該当する。

(3)技術開発

製品やサービスの設計や開発に関連する活動のプロセスが該当する。

(4)調達

社外との交渉を含めた製品やサービスを購入する活動のプロセスが該当する。

4 バリューチェーン分析の実施プロセス

まず、自組織のバリューチェーンを把握する。付加価値を生み出して製品やサービスを顧客のもとへ届けるまでの直接的な活動である自組織の主活動(「購買物流」「製造」「出荷物流」「販売・マーケティング」「サービス」の5つの活動)について分析し、その後に主活動を支えるための活動である支援活動(「全般管理」「人事労務管理」「技術開発」「調達」の4つ活動)について分析する。

次に、バリューチェーンにおける各活動のコスト分析を行う。バリューチェーンコスト把握表を作成し、当該組織のバリューチェーンの各業務を担当する部署およびその年間コストなどを記入し分析する。そして、当該組織における各活動の強みと弱みについて分析し、競争相手と比較した強みや弱みを分析する。

5 医療機関におけるバリューチェーン

ここに提示したものは医療機関独自のバリューチェーンの一例である。これ以外にも、「2　バリューチェーンにおける5つの主活動」や「3　バリューチェーンにおける4つの支援活動」で述べたものや、読者の所属する医療機関独自のものなど数多く存在する。読者にはそれらを含めたバリューチェーンを実施して欲しい。

なお、ここでは5つの主活動のみ提示している。

(1)購買物流

医薬品や医療機器、一般消耗品などの購入が該当する。

(2)製造

治療や健康診断などが該当する。

(3)出荷物流

提携医療機関や福祉機関の確保などが該当する。

(4)販売・マーケティング

受診者の確保のための宣伝活動などが該当する。

(5)サービス

治療後の定期的な診療やリハビリなどの提供が該当する。

5 内部環境分析②
――VRIO分析とは

1 VRIO分析とは

VRIO分析とは、組織の経営資源（ヒト、モノ、カネ、情報など）を分析し、経営資源の優位性を把握するためのものである。

VRIO分析では経営資源について「経済価値（Value）」「希少性（Rareness）」「模倣可能性（Imitability）」「組織（Organization）」の4つ視点で分析していくことになる。当該組織内部に存在する競争優位性の維持と向上を目的としている。

なお、経営資源は短期間で改善することは難しいため、事業の中長期的な計画を策定する際に用いられることが多い。ただし、持続的な競争優位が永遠に持続することはない。例えば、当該組織を取り巻く環境が急激に変化してしまうと、持続的な競争優位を維持することが困難となる。

2 VRIO分析における4つの視点

(1)経済価値（Value）

市場において当該組織の経営資源がどれだけの価値があるのか、当該組織が外部環境における脅威や機会に適応することは可能なのかについて分析する。

(2)希少性（Rareness）

当該組織の経営資源が市場の中でどれだけ希少性を発揮しているかどうかについて分析する。

当該組織の資源の希少性が高ければ高いほど、他の組織はその市場への参入を控える可能性が高まり、希少性が低ければ低いほど、他組織はその市場へ容易に参入させてしまう可能性が高くなる。

(3)模倣可能性(Imitability)

当該組織の経営資源に対して他社がどれだけ模倣しやすいかについて分析する。仮に現状で経営資源に大きな差があったとしても、模倣しやすければしやすいほど、すぐに他の組織に追いつかれる可能性が高まり、特許製品などのように模倣し難ければし難いほど、他社にとっては脅威となりやすい。

(4)組織(Organization)

当該組織の経営資源を活用できる組織体系が整備されているのか、経営資源を有効に活用できる組織体制になっているのかどうかについて分析する。

組織体制が整っていなければ、せっかくの経営資源が宝の持ち腐れになってしまいかねない。

3 VRIO分析の実施プロセス

まず、当該組織の経営資源を明確にし、その後に当該組織の経営資源が4つの視点に当てはまるかどうかについて分析していくことになる。

具体的には、①「経済価値」、②「希少性」、③「模倣可能性」、④「組織」の順番で分析していくことになる。例えば、当該組織の経営資源が①「経済価値」を持っているならば、②「希少性」の有無をチェックする。そして、「希少性」も持っているならば、③「模倣可能性」のチェックを行い、それも持っているならば、④「組織」のチェックを行うことになる。

VRIO分析の結果、①~④までのすべてを持っている場合は、経営資源を最大限有効に活用できる状態にあることを示している。①~③まで持っている場合は、持続的な競争優位の状態にあることを示し、①②のみの場合は一時的な競争優位の状態、①のみの場合は競争均衡の状態にあり他社並みということになる。

なお、すべて持っていなければ競争劣位の状態にあることを示している。

表4-2 VRIO分析

経済価値(Value)	希少性(Rareness)	模倣可能性(Imitability)	組織(Organization)	
無	—	—	無	競争劣位
有	無	—		競争均衡
有	有	無		一次的競争優位
有	有	有	有	持続的競争優位

(ジェイB.バーニー著「企業戦略論(上)基本編：競争優位の構築と持続」ダイヤモンド社、2003年を基に筆者作成)

4　医療機関におけるVRIO分析

ここに提示したものは医療機関独自のVRIO分析の一例である。これ以外にも、「2 VRIO分析における4つの視点」で述べたものや、読者の所属する医療機関独自のものなど数多く存在する。読者には、それらを含めたVRIO分析を実施して欲しい。

(1)経済価値(Value)

当該医療機関が有している医療サービスの価値、貢献度などが該当する。

例えば、当該医療機関が地域医療に貢献しているのか否かなどである。地域医療を実践するために各医療機関が必要な資源とは、地域医療を実践できるスタッフや特異な医療機器、消耗品、スタッフを乗せて移動する車両など多岐にわたる。ただし、これらはただ実践するためだけのものであり、揃えるだけでは患者の満足は得られない。つまり貢献しているとは言い難い。そのため、地域医療専門のスタッフを育成することも重要となるだろうし、地域ごともしくは家庭ごとにオリジナルの要素が必要となるかもしれない。これらに寄り添って地域医療を実践していくことで、当該医療機関の有しているサービスの価値が認められ、地域医療に貢献できていると言えるのである。

(2)希少性(Rareness)

当該医療機関が有している特定の医療サービスである専門診療科や特定の手術などが該当する。

例えば、周辺の医療機関では開設されていない診療科の開設である。ただし、これは周辺の地域住民のニーズがあってこそのものであり、子どもがまったくいない地域での小児科開設は意味を持たない。どのような診療科の開設や手術方式が求められているのかについて徹底的にリサーチした上でのことである。リサーチの結果もしくはリサーチと並行して、必要となる医師の招へいや専門スタッフの育成などが必要となる。

(3)模倣可能性(Imitability)

当該医療機関が有している医療サービスが、他の医療機関でも模倣可能か否かなどが該当する。

例えば、地域医療に関して言うならば、老人保健施設などの当該地域の他の施設でも代替可能か否かということである。いくら地域貢献のために地域医療に参入したとしても、当該地域の老人保健施設などで行えるレベルの医療サービスの提供であれば、地域住民は率先して当該医療機関を利用するとは考え難い。当該医療機関を利用するのか、地域の老人保健施設を利用するのかについては、地域住民それぞれの考え方や人間関係などによって左右されてしまう。そのため、当該医療機関は他の施設には模倣困難な医療サービスの提供を考える必要がある。例えば、患者の症状が悪化した場合に即座に当該医療機関で対応できるシステムなどを事前に構築しておくことも重要である。また、定期的な健康診断も有効となる可能性がある。これもその後の当該医療機関への受診行動へとつながる可能性が高いのである。

(4)組織(Organization)

当該医療機関が有している医療サービスを今後も提供できる組織体制となっているか否かなどが該当する。つまり、ここまで述べてきたVRIO分析の内容(機能)を維持できる組織なのか否かということである。

例えば、地域医療を担当する医療スタッフの離職による質の低下の有無、症状悪化時に常に緊急入院できるベッドを確保できているのかなどである。よく耳にすることであるが、「最初は手厚いケアだったけど、スタッフが変わった途端にそうではなくなった」や「いつでも入院できると思っていたけど、満床と言われた」など、当初とは異なる対応をしている医療機関も存在するというのが現状である。これには他の戦略の優先度が高くなった場合や医療スタッフの離職などさまざまな理由があるとは思うが、常に当該医療機関の提供しているサービスは、少なくとも同じレベルで提供していく必要がある。そのためにも、環境の変化など当該医療機関の将来を見越した分析をしていく必要がある。

内部環境分析③ ——PPMとは

1　PPM（プロダクト・ポートフォリオ・マネジメント）とは

PPMとは、「市場の成長率」と自社の「相対的な市場シェア」の組み合わせから、当該組織で実施している複数の事業の経営資源配分が効率的・効果的になるかについて検討する手法である。つまり、複数の事業を実施している当該組織が、事業資金をどのように配分するかを決める際に使うものである。

PPMでは、当該組織の製品や事業を「市場の成長率」の高低と「相対的な市場シェア」の大小の４つの領域に分類する。４領域とは、「金のなる木」「花形」「問題児」「負け犬」である。これらの４領域に分類することで、それぞれの事業への資源配分について考えることができるようになる。

2　市場の成長率と相対的な市場シェア

（1）市場の成長率

市場の成長率が高ければ高いほど、新規参入が容易となり、ある一定の市場シェアを獲得しているだけで売上は上昇することになる。そのため、市場の成長率の高い市場は競争も激しくなる。したがって、市場の成長率が高い市場をターゲットとする場合は、当該製品やサービス、事業に積極的な投資が必要となる。

反対に、市場の成長性が低ければ低いほど、その市場は成熟していることを意味する。つまり、新規参入する企業も少なく、市場シェアの変動も小さく、その結果として競争もあまり激しくなり難い。したがって、当該市場をターゲットとする場合は当該製品やサービス、事業に積極的に投資する必要はなくなる。

（2）相対的な市場シェア

市場シェアが大きいということは、同じような製品やサービスを数多く展開していることが考えられる。そのため、そのような製品の製造やサービスの提供における作業効率が向上する。また、より多くの製品を製造すればするほど生産コストが下がる。他の組織と同じ価格の製品を提供する場合、このスケールメリットにより、製造コストを抑えることができる。つまり、市場シェアが大きければ大きいほど、より収益を上げやすくなるのである。

市場の成長率		大	小
	高	花形（スター）： • 市場の成長率が高い • 市場シェアが大きい	問題児： • 市場の成長率が高い • 市場シェアが小さい
	低	金のなる木： • 市場の成長率が低い • 市場シェアが大きい	負け犬： • 市場の成長率が低い • 市場シェアが小さい

相対的な市場シェア

筆者作成

図4-4 PPM

3 PPMにおける4領域

(1)金のなる木(市場の成長率が低く、市場シェアが大きい)

安定した収益を上げることができる製品やサービス、事業であり、いかに「金のなる木」を育てるかが当該組織にとって重要となる。

あまり競争がなく盛り上がりのない市場の中で高いシェアを持っているため、少ない投資でも効率よく収益を上げることができる。しかし、すでに成熟した領域であるため、将来的な見通しは明るいとは言えず、いつ市場全体が衰退するかは分からない。そのため、ここで上げた収益を他の製品や事業に投資するなど、将来を見越した製品やサービス、事業を考える必要がある。

「金のなる木」のとるべき戦略は、市場シェアの維持や拡大であるが、状況によっては投資を抑え、現在有している設備のままで可能な限り収益を上げることを考えていくことも必要となる。

(2)花形(市場の成長率が高く、市場シェアが大きい)

当該組織の将来を左右するような製品やサービス、事業である。

資金流入が多いものの、現在のポジションをキープし続けるための投資も大きいため、差引で収益を上げることができるかどうかは何とも言えない。しかし、当該組織内で中心的な存在の製品やサービス、事業であるため、市場でトップもしくはそれに準ずる位置をキープしている限り、市場成長が鈍化すれば、再投資の必要が減り多くの収益をもたらすことになる。

「花形」のとるべき戦略は、市場シェアの維持や拡大である。

(3)問題児(市場の成長率が高く、市場シェアが小さい)

当該組織の衰退を招く可能性のある製品やサービス、事業である。

市場の成長性が高いため、魅力のある製品やサービス、事業ではあるものの、ほとんどの場合に多額の資金の流出を必要とし、この投資を怠ると他の組織に後れを取ることになる。つまり、投資の割には収益が少ないという状態である。経営資源をこの領域の製品やサービス、事業に投じて市場シェアを拡大させることで将来的に花形となる可能性はあるものの、市場の動きを見極めながら投資を行う必要がある。

「問題児」のとるべき戦略は、市場シェアの拡大である。

(4)負け犬(市場の成長率が低く、市場シェアが小さい)

当該製品やサービス、事業からの撤退が最善の策となる。収益を上げないものの投資も少ないため、存在感の薄い製品やサービス、事業である。しかし、他の組織が撤退するまで生き残ることができれば「金のなる木」へと変化する可能性がある。

「負け犬」のとるべき戦略は、徐々に撤退し可能な限り収益を上げつつ、当該製品やサービス、事業をできるだけ早期に売却し清算することである。

4　PPMにおける理想的な資金配分

現実的に収益を上げる製品やサービス、事業とは、「金のなる木」のみである。つまり、組織経営においては「金のなる木」を数多く持つことが重要となる。そのため、「金のなる木」で生まれた収益を使って次の「金のなる木」を育てることが重要となる。例えば、「金のなる木」で生まれた収益を「問題児」に投入することでマーケットシェアの拡大を図り、「花形」に育てることも有効となる。

5　PPMの実施プロセス

PPMを実施する目的を再確認し、その後に当該組織の製品やサービス、事業を「市場の成長率」の高低と「相対的な市場シェア」の2軸により、「金のなる木」、「花形」、「問題児」、「負け犬」の4領域のいずれに属するかを分析する。そして、各領域にあった戦略を立案していくことになる。

6 医療機関におけるPPM

ここに提示したものは医療機関独自のPPMの一例である。ここれ以外にも、「3. PPMにおける4領域」で述べたものや、読者の所属する医療機関独自のものなど数多く存在する。読者には、それらを含めたPPMを実施して欲しい。

(1)金のなる木

同一診療圏内において、最も多くの患者を獲得しており、今後も同じ程度の患者数の確保を望めるような診療科などが該当する。

(2)花形

既に最も多くの患者を獲得しており、今後もさらなる患者を獲得できそうな診療科などが該当する。確保できる患者数が安定するようになっても、獲得した患者数を維持できるようにするための戦略が必要となる。

(3)問題児

あまり患者を獲得できていない診療科において、今後の患者数の急激な増加を望むことが難しい診療科などが該当する。一般的な企業組織とは異なり、医療機関においてこの状態を改善することが難しい場合は、積極的なスタッフの増員や異動、設備投資などを行わず様子をみるという戦略が必要となる場合もある。

(4)負け犬

あまり患者を獲得できていない診療科であり、今後も患者数の獲得を望むことが難しい診療科などが該当する。当該診療科を閉じるという戦略が妥当となる。ただし、ただ閉じるのではなく、専門的な診療科から総合的な診療科へ変更するなど、当該医療機関の診療圏内の患者のニーズに沿った戦略が必要となる。

総合的環境分析①——3C分析とは

1 3C分析とは

3C分析とは、「Customer(市場・顧客)」「Competitor(競合企業)」「Company(自組織)」という別々の3つの視点から現状を分析するためのもので、それぞれの頭文字をとって3C分析と呼ばれている。組織を取り巻く市場・顧客、競合企業、自組織の環境を分析し、それぞれの状況や問題を確認していくものである。

最終的には、競争上の成功要因(KSF：Key Success Factor)を発見することが目的となる。

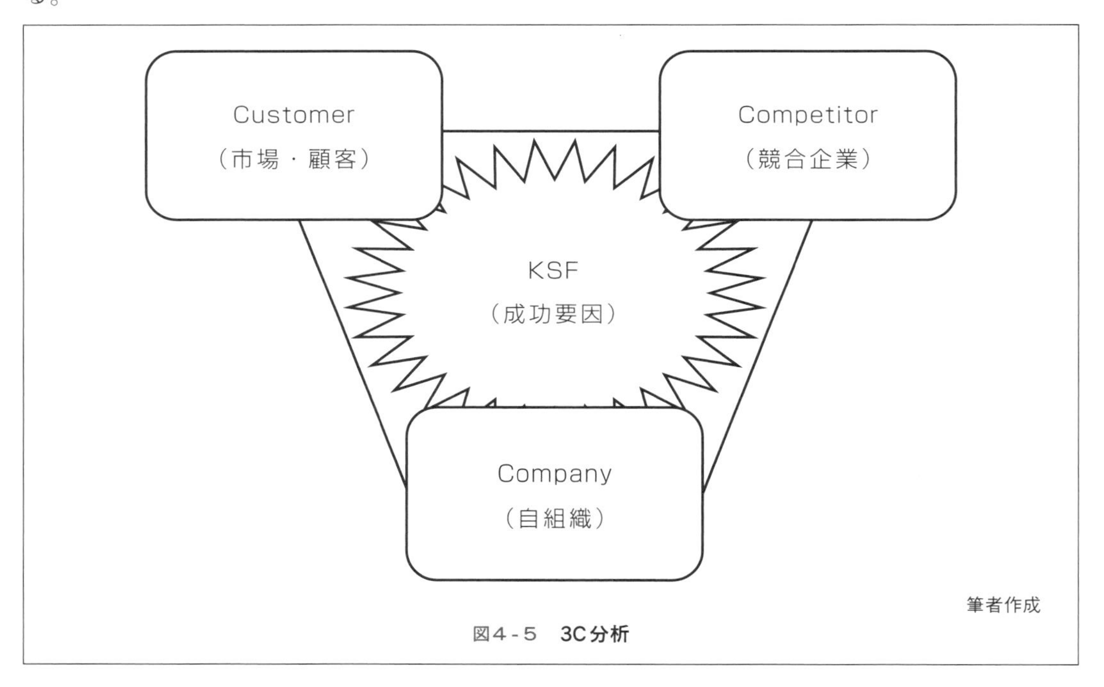

筆者作成

図4-5 3C分析

2 3つのCとは

以下の3つのCの内容を把握し、その後に当該組織が業界内で優位に立つための成功要因を発見していく。成功要因を発見することで、「どのように強化するべきか」を考えていくことになる。もしも、成功要因を発見できなければ、まずは成功要因を探求するところから始める。その上で、戦略を考えていくことになる。

(1)Customer(市場・顧客)

製品別・地域別の購買人口の規模、市場環境の推移、購買決定者の年齢や性別、購買までのプロセス、購買などに影響を及ぼす要因などが該当する。

(2)Competitor(競合企業)

競合している他の組織の数、競合の営業の規模・生産力、市場別の売上高・シェア率、今後の動向などに影響を及ぼす要因などが該当する。

(3)Company(自組織)

当該組織の経営資源、他の組織に対しての強みや弱み、業績、競争力などに影響を及ぼす要因などが該当する。

3 3C分析の実施プロセス

3C分析では、まずは市場・顧客の分析から始める。これにより市場の動向や顧客のニーズの変化を把握する。次に競合企業の分析を実施し、把握した市場の動向や顧客のニーズの変化に対して、競合企業がどのような対応を実施しているのかを把握する。その結果を踏まえて自組織の分析を実施する。

これらの状況を考慮した上で自社の強みや弱みなどを整理し、KSFを把握するというプロセスを辿る。そして最後に、抽出したKSFを活かした戦略を立案していくことになる。

4 医療機関における3C分析

ここに提示したものは医療機関独自の3C分析の一例である。これ以外にも、「2 3つのCとは」で述べたものや、読者の所属する医療機関独自のものなど数多く存在する。読者には、それらを含めた3C分析を実施して欲しい。

(1)Customer(市場・顧客)

当該医療機関の診療圏内における患者が該当する。レセプトデータから患者動向を分析することが多い。特に最近では高齢化比率の推移や高齢化に伴う疾患や病態などに焦点を当てることが多い。

(2)Competitor(競合企業)

当該医療機関と同一診療圏内の医療機関が該当する。他の医療機関のホームページなどにより情報を収集することが多い。

例えば、当該医療機関の理念やビジョン、診療方針、診療科、設備、スタッフ募集などである。これらの情報を収集し、当該医療機関が何に力を入れているのか、どのような状況にあるのかについて知っておくことが重要である。また、ホームページ以外であれば、当該医療機関に出入りしている業者などから情報を得ることも有効な場合がある。ただし、これらは他の医療機関からも調査できる内容であり、自院の情報も調査されていると考えておくことが重要である。

(3)Company(自組織)

当該医療機関の組織能力が該当する。特異な医療サービスの提供の有無、アクセスの良さ、病院イメージ、診療や手術の実績、最新医療機器の稼働率、医療スタッフに対する経営理念・経営ビジョンの浸透度、教育体制など分析内容は多岐にわたる。

総合的環境分析② ——SWOT分析とは

1 SWOT分析とは

SWOT分析とは、当該組織の内部環境と外部環境のそれぞれのプラス要因とマイナス要因を抽出し分析していくものである。

具体的には、内部環境のプラス要因である「Strength（強み）」とマイナス要因である「Weakness（弱み）」、外部環境のプラス要因である「Opportunity（機会）」とマイナス要因である「Threat（脅威）」という4つの視点から当該組織の現状を総合的に分析するためのもので、それぞれの頭文字をとってSWOT分析と呼ばれている。

これらを分析することによって当該組織の市場機会や事業課題などを発見することを目的としている。ただし、「強み」や「弱み」として抽出したものが、本当に「強み」や「弱み」となっているかどうかについては分からないという特徴がある。

	プラス要因	マイナス要因
内部環境要因	Strength（強み）	Weakness（弱み）
外部環境要因	Opportunity（機会）	Threat（脅威）

筆者作成

図4-6　SWOT分析

2 SWOT分析の4要因

(1)Strength(強み)

ブランド力、安定した販売チャネル、豊富な資金力、立地の良さなどのように、競合している他の組織に勝っている経営資源などが該当する。

(2)Weakness(弱み)

設備の老朽化、スタッフの高齢化、貧弱な資金力などのように、競合している他の組織に劣っている経営資源などが該当する。

(3)Opportunity(機会)

当該組織にとってプラスに働くと考えられる顧客のニーズの変化や法改正などのように、当該組織にとってチャンスとなる環境要因などが該当する。

(4)Threat(脅威)

当該組織の製品やサービスと競合する製品やサービスを扱う他の組織の出現などのように、当該組織にとって注意が必要となる環境要因などが該当する。

3 SWOT分析の実施プロセス(クロスSWOT分析)

まず、SWOT分析を実施する目的を再確認し、その後に当該組織の内部環境要因と外部環境要因それぞれのプラス面とマイナス面である「Strength(強み)」、「Weakness(弱み)」、「Opportunity(機会)」、「Threat(脅威)」の4領域のいずれに属するか分析する。そして、各領域にあった戦略を立案していくことになる。その後にこれらを相互に掛け合わせて戦略を考えていく。これをクロスSWOT分析という。

(1)S×O(強み×機会)

当該組織の持つ強みを積極的に最大限活かす機会を作り、市場シェアを拡大していくという戦略をとる。

(2)W×O(弱み×機会)

当該組織の抱える弱みを補強し克服していくという戦略をとる。

(3)S×T(強み×脅威)

当該組織の持つ強みを最大限に活かして、差別化などのより脅威を克服していくという戦略をとる。

(4)W×T(弱み×脅威)

当該組織の抱える弱みと外的な脅威が重なって最悪の結果にならないように、弱みと脅威によるマイナスの影響を最小限に抑えるという戦略をとる。もしくは、撤退するという戦略をとる。

4 医療機関におけるSWOT分析

ここに提示したものは医療機関独自のSWOT分析の一例である。これ以外にも、「2 SWOT分析の4要因」で述べたものや、読者の所属する医療機関独自のものなど数多く存在する。読者には、それらを含めたSWOT分析を実施して欲しい。なお、「Strength(強み)」と「Weakness(弱み)」、「Opportunity(機会)」と「Threat(脅威)」は、それぞれ表裏一体の関係にある。

(1)Strength(強み)

・地域住民の認知度が高く評判が良い
・ベテランスタッフが多い
・チームワークが良い
・専門特化している　など

(2)Weakness(弱み)

・医療スタッフの平均年齢の高さ
・人件費の高騰
・3分診療(3時間待ち)
・医療スタッフへの理念浸透度が低い　など

(3)Opportunity(機会)

・診療報酬のプラス改定
・高齢者の増加
・優秀な医療スタッフの確保　など

(4) Threat（脅威）

・診療報酬のマイナス改定
・人口の減少
・離職率が高い　など

経営環境の分析について、正しいものを１つ選べ。

〔選択肢〕

①ファイブフォース分析とは、当該組織の内部環境と外部環境のそれぞれのプラス要因とマイナス要因を抽出し分析していくものである。

②VRIO分析は、ライバル企業を対象とした競争優位性などを明確にすることを目的としている。

③PEST分析における「経済（Economy）」とは、新しい技術の出現や既存の技術の進化を指している。

④バリューチェーンにおける「主活動」とは商品を届ける流れを支える活動であり、「全般管理」、「人事・労務管理」、「技術開発」、「調達」の４つの活動を指している。

⑤バリューチェーンとは、当該組織が展開した事業内容について「主活動」と「支援活動」に分類し、付加価値を生み出していく一連の活動である。

解答 1

⑤

解説 1

①×：ファイブフォース分析とは、事業環境分析とも言われており、「競合企業」「新規参入者」「代替品」「売り手」「買い手」の5つの競争要因について業界の収益性を分析する枠組みのことである。ファイブフォース分析は、当該組織が属する業界構造や収益性を明らかにし、競争が起きる要因を把握することを目的としている。設問の内容はSWOT分析の内容である。

②×：VRIO分析とは、当該組織の経営資源（ヒト、モノ、カネ、情報など）を分析し、経営資源の優位性を把握するためのものであり、当該組織内部に存在する競争優位性の維持と向上を目的としている。設問の内容はバリューチェーンの内容である。

③×：PEST分析とは、「政治（Politics）」「経済（Economy）」「社会（Society）」「技術（Technology）」の4つの頭文字をとって名付けられた分析方法である。このうち、「経済（Economy）」とは、景気動向、経済成長率、為替動向、物価動向、市場動向などによって生じる環境の変化を指している。設問の内容は「技術（Technology）」の内容である。なお、その他に「政治（Politics）」と「社会（Society）」があり、「政治（Politics）」は、法律、規制、条例、政策などによって生じる環境の変化を指しており、「社会（Society）」は、人口、習慣、世論などによって生じる環境の変化を指している。

④×：バリューチェーンにおける「主活動」とは商品が顧客やユーザーに届くまでの流れをつくる活動であり、「購買物流」「製造」「出荷物流」「販売・マーケティング」「サービス」の5つの活動を指している。設問の内容は「支援活動」の内容である。

⑤○：選択肢の通り。バリューチェーンとは、当該組織が展開した事業内容について「主活動」と「支援活動」に分類し、付加価値を生み出していく一連の活動である。自社により高い競争優位をもたらすために、この価値創造活動の

うち、どの工程で価値創造が行われているのかを分析し、これらの活動の連鎖をどのように再構築するかを検討することになる。ライバル企業を対象とした競争優位性などを明確にすることを目的としている。

確認問題

経営環境の分析について、正しいものを１つ選べ。

〔選択肢〕

①PPMは、当該組織の製品や事業を市場の変化率の高低と絶対的な市場シェアの大小の４つの領域に分類している。

②現実的に収益を上げるには、PPMの「花形」を数多く持つことが重要となる。そのため、「花形」で生まれた収益を使って次の「花形」を育てることが重要となる。

③3C分析における「Company（自組織）」とは、製品別・地域別の購買人口の規模、市場環境の推移、購買決定者の年齢や性別、購買までのプロセス、購買などに影響を及ぼす要因などである。

④SWOT分析とは、当該組織の内部環境と外部環境のそれぞれのプラス要因とマイナス要因を抽出し分析していくものである。

⑤SWOT分析における「Opportunity（機会）」とは、当該組織の製品やサービスと競合する製品やサービスを扱う他の組織の出現などのように、当該組織にとって注意が必要となる環境要因などである。

解答 2

④

解説 2

①×：市場の成長率と自社の相対的な市場シェアの組み合わせから、当該組織で実施している複数の事業の経営資源配分が効率的・効果的になるかについて検討する手法であり、当該組織の製品や事業を市場の変化率ではなく成長率の高低と、絶対的な市場シェアではなく相対的な市場シェアの大小の４つの領域に分類している。

②×：PPMは、当該組織の製品や事業を市場の成長率の高低と相対的な市場シェアの大小によって「金のなる木」「花形」「問題児」「負け犬」の４領域に分類し、それぞれの事業への資源配分について考える。このうち、現実的に収益を上げるには、PPMの「花形」ではなく「金のなる木」を数多く持つことが重要となる。そのため、「金のなる木」で生まれた収益を使って次の「金のなる木」を育てることが重要となる。なお、「花形」のとるべき戦略は、市場シェアの維持や拡大であり、「問題児」のとるべき戦略は、市場シェアの拡大、「負け犬」のとるべき戦略は、徐々に撤退し可能な限り収益を上げつつ、当該製品や事業をできるだけ早期に売却や清算することである。

③×：3C分析とは、「Customer（市場・顧客）」「Competitor（競合企業）」「Company（自組織）」という別々の3つの視点から現状を分析するためのもので、それぞれの頭文字をとって3C分析と呼ばれている。3C分析における「Company（自組織）」とは、当該組織の経営資源、他社に対しての強みや弱み、業績、競争力などに影響を及ぼす要因などである。設問の内容は「Customer（市場・顧客）」の内容である。「Customer（市場・顧客）」とは、製品別・地域別の購買人口の規模、市場環境の推移、購買決定者の年齢や性別、購買までのプロセス、購買などに影響を及ぼす要因などである。

④○：選択肢の通り。SWOT分析とは、当該組織の内部環境と外部環境のそれぞれのプラス要因とマイナス要因を抽出し分析していくものであり、当該組織の市場機会や事業課題などを発見することを目的としている。

⑤×：SWOT分析とは、内部環境のプラス要因である「Strength（強み）」とマイナス要因である「Weakness（弱み）」、外部環境のプラス要因である「Opportunity（機会）」とマイナス要因である「Threat（脅威）」という４つの視点から当該組織の現状を総合的に分析するためのものである。このうち、「Opportunity（機会）」とは、当該組織にとってプラスに働くと考えられる顧客のニーズの変化や法改正などのように、当該組織にとってチャンスとなる環境要因である。設問の内容は「Threat（脅威）」の内容である。なお、「Strength（強み）」とは、ブランド力、安定した販売チャネル、豊富な資金力、立地の良さなどのように、競合している他の組織に勝っている経営資源などであり、「Weakness（弱み）」とは、設備の老朽化、スタッフの高齢化、貧弱な資金力などのように、競合している他の組織に劣っている経営資源などが該当する。

第5章

事業領域（ドメイン）の設定

事業領域(ドメイン)とは

1　ドメインとは

経営環境の分析を終えたならば、その結果を基にドメインを設定していくことになる。

ドメインとは、組織が生存し成長していくために選択した環境の中のある特定の領域であり、当該組織の事業を展開する領域を指している。ドメインを設定するためには、経営環境の分析結果に基づいて、ターゲットとなる市場や顧客を決定していくことになる。

ドメインを設定する際のポイントは、「誰に」「何を」「どのように」の3点である。つまり、「顧客(誰に対して価値を提供していくのか)」「技術(提供する価値をどのような技術で実現していくのか)」「機能(具体的にどのような価値を提供していくのか)」である。

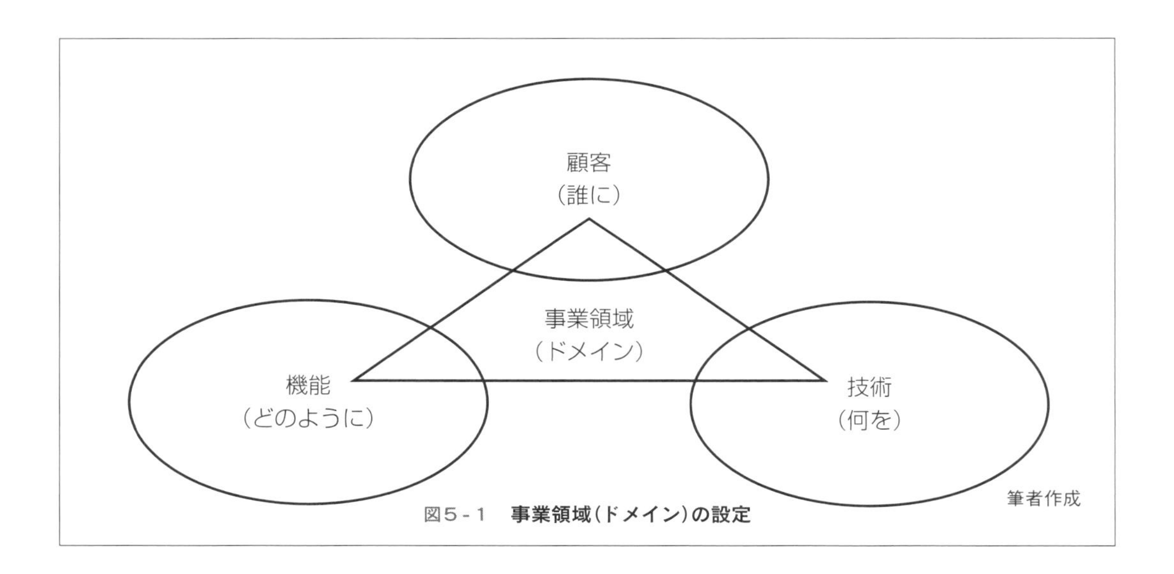

図5-1　**事業領域(ドメイン)の設定**

2　分散化の回避と過度の集中化の回避

ドメインは、広げすぎても狭めすぎてもいけない。事業を効果的に効率よくコントロールするためには、適正なレベルのドメインを設定する必要がある。なお、ドメインが広がりすぎると、経営資源が分散したり、さまざまな業界と競争が発生してしまったりする可能性が高まる。これを回避することを「分散化の回避」と言う。また、反対にドメインを狭めすぎると、顧客ニーズに対応できなくなったり、事業が競争に敗れた場合、当該組織の存続が危ぶまれたりする可能性が高まる。これを回避することを「過度の集中化の回避」と呼ぶ。

3 ドメイン設定のメリット

ドメインを設定することにより、組織メンバーの思考や行動の指針となりやすく、当該組織の競争相手が明確になるなどのメリットが挙げられる。

（1）組織メンバーの思考・行動の指針

当該組織の向かうべき方向性が明確になることで、行うべき行動や行ってはならない行動などが明確になり、組織メンバーの思考や行動の拠りどころとなる。

（2）競争相手の明確化

意識すべき当該組織の競争相手が明確になる。

（3）経営資源の集中

当該組織が事業展開を行う上で必要な経営資源を明確にすることができ、組織メンバー間の共通理解の促進にもつながる。

2 事業領域（ドメイン）の再設定

1 ドメイン再設定の必要性

ドメインは、一度設定すると永続的に変更しないわけではない。経営環境は常に変化しており、この変化や自組織の成長の度合いなどに合わせて、ドメインは変更させていく必要がある。

自組織が持続的に成長していくためには、組織メンバーが共通認識できるドメインを再設定し、自組織の進むべき方向や提供価値を組織内外に明示することが必要となる。そのため、常に組織内外の環境について意識しておく必要がある。

2 ドメイン再設定のメリット

ドメインを再設定することで、組織メンバーを含めた顧客との信頼関係を再構築できる可能性が高まるため、ドメインを再度設定することへの共感を得られるようにする必要がある。これまでのドメインを再設定することで発生する可能性がある現状の業務とのギャップに対して、組織メンバーの協力は必要不可欠である。経営層からの一方的なトップダウンによるドメインの再設定は、組織メンバーのモチベーション低下やその先にある離職につながる可能性がある。そのため、ドメインの再設定を実施する際は、組織メンバーに対する丁寧な説明やそれに伴う教育を実施することが必要となってくる。

問題1 ドメインの設定について、正しいものを1つ選べ。

〔選択肢〕

①ドメインを設定することで、「組織メンバーの思考・行動の指針」「競争相手の明確化」「経営資源の集中」というメリットを得ることができる。

②ドメインを設定する際のポイントである「顧客」とは、提供する価値をどのような技術で実現していくのかを指している。

③ドメインを設定する際のポイントである「機能」とは、誰に対して価値を提供していくのかということを指している。

④「過度の集中化」とは、ドメインが広がりすぎることで経営資源が分散したり、さまざまな業界と競争が発生してしまったりする可能性が高まることである。

⑤ドメインは、一度設定すると混乱を招く恐れがあるため永続的に変更しない。

確認問題

解答 1

①

解説 1

①○：選択肢の通り。ドメインを設定することで、「組織メンバーの思考・行動の指針」「競争相手の明確化」「経営資源の集中」というメリットを得ることができる。

②×：ドメインを設定する際のポイントは、「誰に」「何を」「どのように」の3点であり、「顧客（誰に対して価値を提供していくのか）」「技術（提供する価値をどのような技術で実現していくのか）」「機能（具体的にどのような価値を提供していくのか）」がポイントとなる。このうち「顧客」とは、誰に対して価値を提供していくのかということを指している。設問の内容は「技術」の内容である。

③×：ドメインを設定する際のポイントである「機能」とは具体的にどのような価値を提供していくのかを指している。設問の内容は「顧客」の内容である。

④×：「過度の集中化」とは、ドメインを狭めすぎると、顧客ニーズに対応できなくなったり、事業が競争に敗れた場合、当該企業の存続が危ぶまれたりする可能性が高まることである。設問の内容は「分散化」の内容である。事業を効果的に効率よくコントロールするためには、適正なレベルのドメインを設定する必要があり、「分散化」および「過度の集中化」を回避する必要がある。

⑤×：ドメインは、一度設定すると永続的に変更しないわけではない。経営環境は常に変化しており、この変化や自社の成長の度合いなどに合わせて、ドメインは変更させていく必要がある。

問題2 ドメイン設定について、正しいものを1つ選べ。

〔選択肢〕

①事業を効果的に効率よくコントロールするためには、事業を分散化する必要がある。

②「過度の集中化」とは、ドメインを狭めすぎることで顧客ニーズに対応できなくなったり、事業が競争に敗れた場合、当該企業の存続が危ぶまれたりする可能性が高まることである。

③ドメイン設定のメリットである「経営資源の集中」とは、当該組織の向かうべき方向性が明確になることで、行うべき行動や行ってはならない行動などが明確になり、組織メンバーの思考や行動の拠りどころとなるということを指している。

④ドメイン設定のメリットである「競争相手の明確化」とは、当該組織が事業展開を行う上で必要な経営資源を明確にすることができ、組織メンバー間の共通理解促進にもつながることを指している。

⑤ドメインを再設定することで、組織メンバーの経営能力が高まる。

解答 2

②

解説 2

①×：事業を効果的に効率よくコントロールするためには、事業を分散化するのではなく、適正なレベルのドメインを設定する必要がある。

②○：選択肢の通り。「過度の集中化」とは、ドメインを狭めすぎることで顧客ニーズに対応できなくなったり、事業が競争に敗れた場合、当該企業の存続が危ぶまれたりする可能性が高まることである。事業を効果的に効率よくコントロールするためには、適正なレベルのドメインを設定する必要があり、「過度の集中化」を回避するとともに、ドメインが広がりすぎることで経営資源が分散したり、さまざまな業界と競争が発生してしまったりする可能性が高まること（分散化）も避ける必要がある。

③×：ドメインを設定することで、「組織メンバーの思考・行動の指針」「競争相手の明確化」「経営資源の集中」というメリットを得ることができるが、設問の内容は「経営資源の集中」ではなく「組織メンバーの思考・行動の指針」の内容である。

④×：ドメイン設定のメリットである「競争相手の明確化」とは、意識すべき当該組織の競争相手が明確になることを指している。設問の内容は「経営資源の集中」の内容である。

⑤×：ドメインを再設定することで、組織メンバーの経営能力が高まるのではなく、組織メンバーを含めた顧客との信頼関係を再構築できる可能性が高まる。

第6章

さまざまな経営戦略

代表的な経営戦略には どのようなものがあるのか

1　企業戦略・事業戦略・機能戦略

第3章で述べたように、経営戦略は企業戦略（全社戦略）、事業戦略、機能戦略に分類される。このうち、企業戦略には多角化戦略や国際戦略、ネットワーク戦略、資源アプローチなどが該当し、事業戦略には、基本戦略（コスト・リーダーシップ戦略、差別化戦略、集中戦略）や製品ライフサイクル戦略、市場地位別戦略などが該当する。また、機能戦略には、人事戦略や財務戦略などが該当する。

本書では、このうち企業戦略（多角化戦略、国際戦略、ネットワーク戦略、資源アプローチ）と事業戦略（基本戦略、市場地位別戦略）の解説を行っていく。

表6－1　代表的な経営戦略

企業戦略（全社戦略）	・多角化戦略 ・国際戦略 ・ネットワーク戦略 ・資源アプローチ
事業戦略	・基本戦略（コスト・リーダーシップ戦略、差別化戦略、集中戦略） ・製品ライフサイクル戦略 ・市場地位別戦略
機能戦略	・人事戦略 ・財務戦略

筆者作成

2 企業戦略① ――多角化戦略とは

1 多角化戦略とは

多角化戦略とは、経営戦略の父と呼ばれたアンゾフが提唱した成長マトリックスに示されている4つの成長戦略のうちの1つの戦略である。

具体的には、当該組織がこれまで展開してきた既存の市場ではない新たな市場に対して、これまで提供してこなかった新製品や新サービスを提供していく戦略を多角化戦略と言う。つまり、新規市場に参入していく戦略であり、当該市場を入念に調査することは当然のことながら、顧客のニーズにあった新製品の開発や新サービスを創造することも必要となる。

2 アンゾフの成長マトリックス

アンゾフの成長マトリックスとは、当該組織が展開している「既存の市場」と「新規の市場」、当該組織が提供している「既存の製品やサービス」と「新規の製品やサービス」という4つの視点から当該組織の事業の成長・拡大していくための方向性を分析するためのものである。

この方向性には4つあり、それぞれ「市場浸透戦略」、「市場開拓戦略」、「製品開発戦略」、「多角化戦略」と呼ばれている。

	既存製品・既存サービス	新製品・新サービス
既存市場	市場浸透戦略	製品開発戦略
新規市場	市場開拓戦略	多角化戦略

（イゴール・アンゾフ著「Strategies for Diversification」ハーバードビジネスレビュー、1957年）

図6-1 **アンゾフの成長マトリックス**

3　アンゾフの成長マトリックスにおける4つの戦略

(1)市場浸透戦略(既存市場×既存製品・既存サービス)

当該組織が従来事業を展開してきた既存の市場に対して、従来通りの既存の製品やサービスを提供していく戦略である。顧客の購入頻度や販売数の増加などを目的としている。

(2)市場開拓戦略(新規市場×既存製品・既存サービス)

当該組織がこれまで展開してきた既存の市場ではない新たな市場に対して、従来通りの既存の製品やサービスを提供していく戦略である。販売エリアの拡大などを目的としている。

(3)製品開発戦略(既存市場×新製品・新サービス)

当該組織が従来事業を展開してきた既存の市場に対して、これまで提供してこなかった新製品や新サービスを提供していく戦略である。新製品や新サービスを生み出す頻度を高めることなどを目的としている。

(4)多角化戦略(新規市場×新製品・新サービス)

本節の「1　多角化戦略とは」参照。

4　多角化戦略のメリット

(1)リスクの分散

当該企業のパワーを単一の事業や製品・サービスに集中している場合、これらの成果が芳しくなくなると、当該組織に多大な影響を及ぼし、当該組織は存続の危機に立たされる可能性がある。そのため、当該組織のパワーをさまざまな事業や製品・サービスに多角化させることで、そのようなリスクを分散させるのである。

(2)シナジー効果

シナジー効果とは、「相乗効果」とも呼ばれ、経営資源の部分的なものの総和より大きな結合利益を得ることができることである。１＋１＝２ではなく１＋１＝２以上となるような現象である。

(3)範囲の経済性

範囲の経済性とは、複数の組織が事業を個別に実施するよりも、1つの組織が複数の事業を同時に行ったほうが効率的であるということを指している。よく似ている表現に規模の経済性という言葉がある。規模の経済性とは、生産の規模が大きくなればなるほど製品1つあたりの平均コストが下がる(スケールメリット)ということを指している。

5 多角化戦略のデメリット

(1)コストの増大

多角化は新規事業の立ち上げを指しており、市場調査、製品開発、販売活動などへの投資が必要となってくる。

(2)非効率的な経営

事業間での経営資源は、範囲の経済性によって共有できるものもあるが、基本的に重複する経営資源が多い。

6 多角化の分類

(1)限定的多角化

複数の事業のほとんどが同一業界に属していることを指している。

(2)関連多角化

複数の事業間に何らかの関連性があること(同じ製品や同じ顧客、同じ流通など)を指している。そのため、事業間にシナジー効果が発生し、単体で事業を行うより効率的となりやすく、収益を上げやすいという特徴がある。

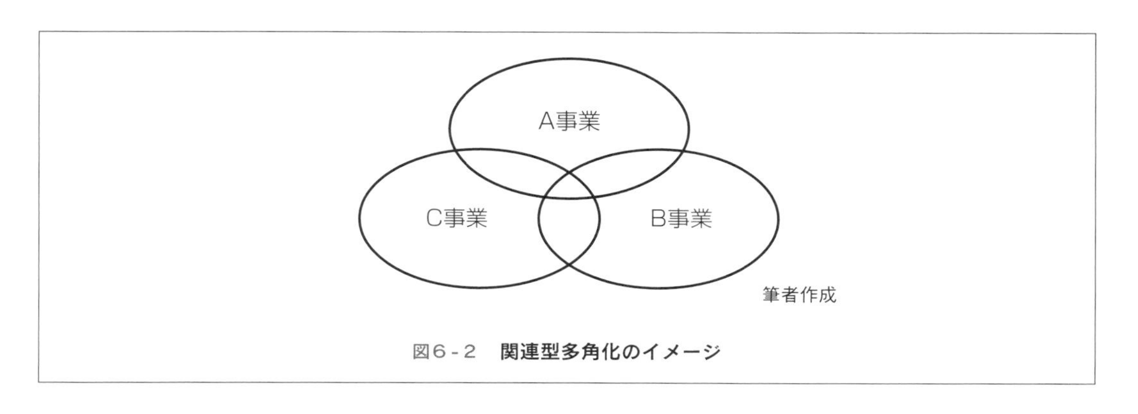

図6-2 関連型多角化のイメージ

(3)非関連多角化

関連性がないためにシナジー効果が利かないが、成長性の高い事業を選択して行うことができるという特徴がある。

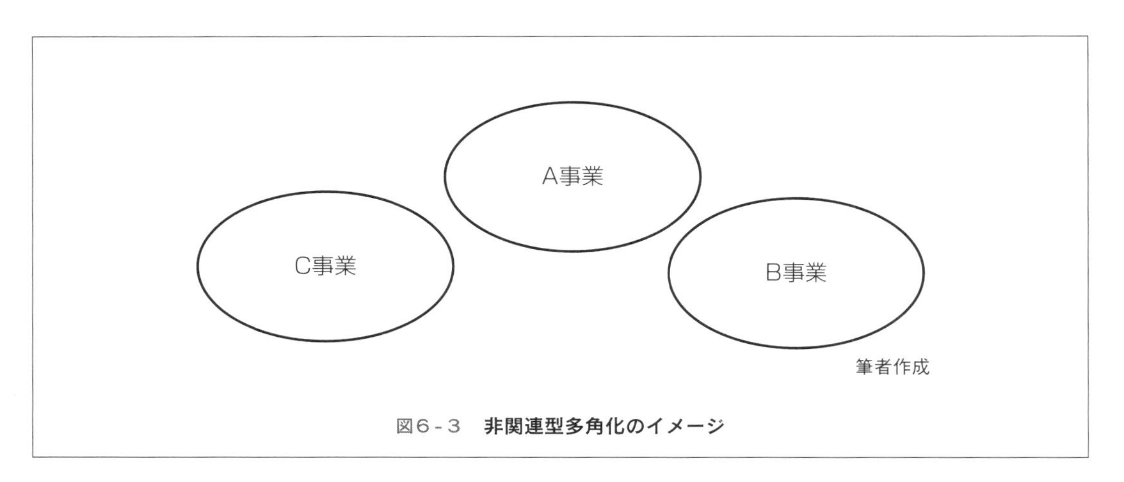

図6-3　**非関連型多角化のイメージ**

(4)集約型多角化

中核となる事業とその周辺の事業に投資を集中することで、相互にシナジー効果が生まれるという特徴がある。

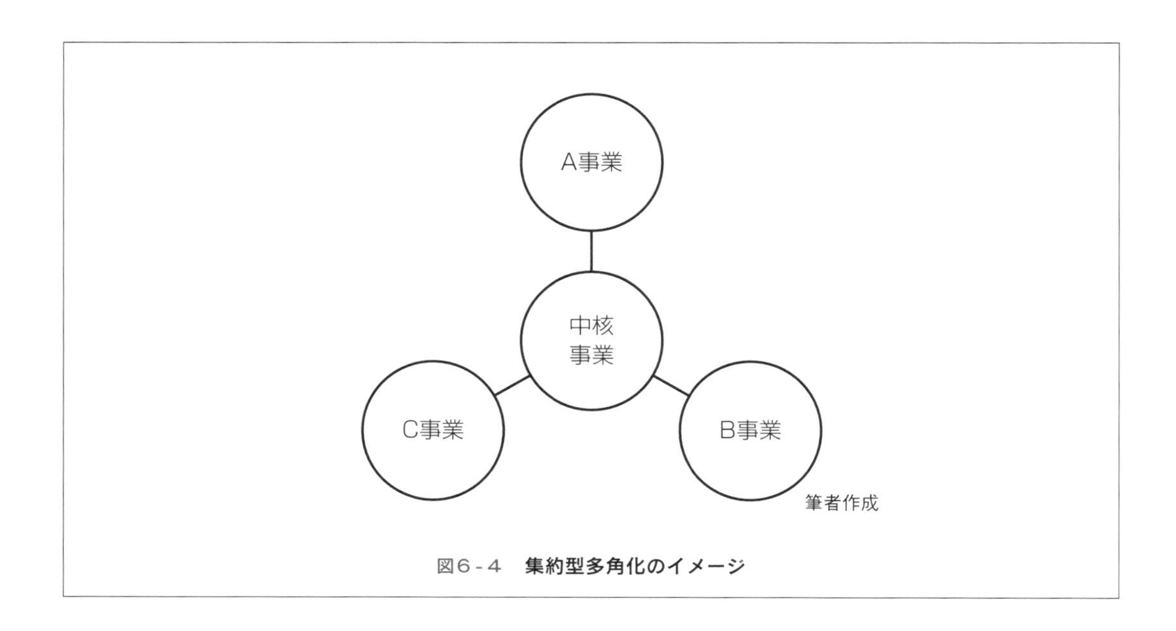

図6-4　**集約型多角化のイメージ**

(5)拡散型多角化

他の事業で得た収益や資源を用いて、さらに別の事業に進むことができるという特徴がある。成長性が高いが、管理コストも高まり収益は下がることが多い。

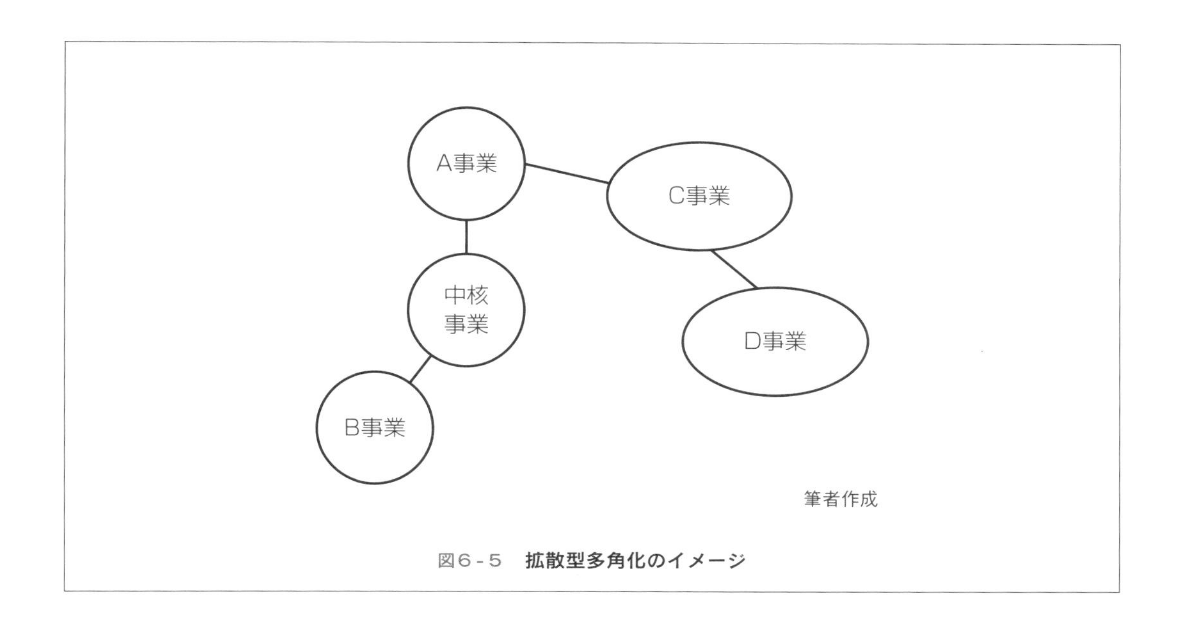

図6-5　拡散型多角化のイメージ

7 多角化戦略における組織体制

多角化戦略を実行する際、最も一般的な組織構造として事業部制組織が挙げられる。

事業部制組織とは、事業単位(取扱製品別、担当地域別など)で編成された組織のことであり、複数の事業を営む組織でみられる組織形態である。例えば、生活家電、パソコン、住宅設備などの事業に関連する機能が配置されている。そのため、各事業が自己完結型にて展開できるという特徴がある。事業部内においては、一切の権限を事業部長がもつことになる。各事業部は自律的であるため、市場などの環境の変化に迅速に対応でき、経営者は分権化を図ることで戦略的な意思決定に集中できるというメリットがある。

また、各事業部の業績測定が可能になり、事業部ごとの利益管理ができるようになるというメリットもある。ただし、事業部間で施設や工場などの設備の重複があると組織全体のコストが増大し非効率的であり、各事業部が組織全体の長期的な成果よりも、短期的な成果を上げることを優先してしまい、事業部間にまたがるような製品への全社的な対応が難しくなってしまうというデメリットもある。

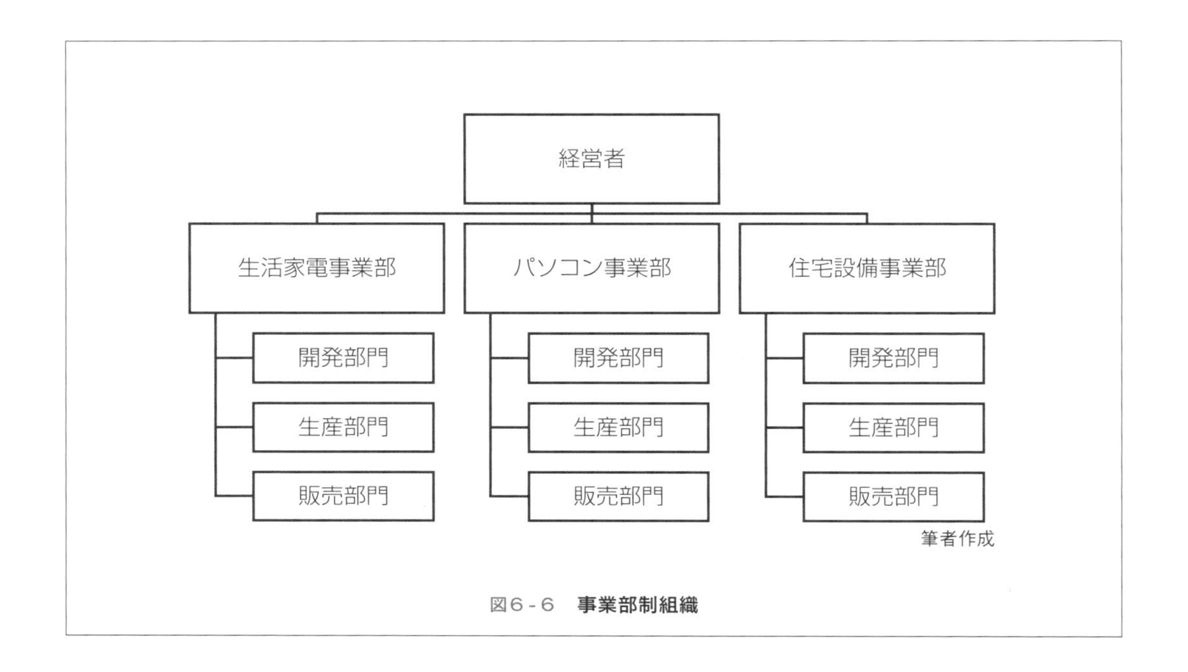

図6-6　**事業部制組織**

8 医療機関における多角化戦略

医療機関における多角化戦略とは、当該医療機関がこれまで運営してきた医療機関ではない新たな病院や診療所、訪問看護ステーション、老人保健施設などに対して、これまで提供してこなかった新サービスを提供していく戦略である。

医療機関が多角化戦略をとる理由は、「4　多角化戦略のメリット」で述べた多角化戦略のメリットにある。現在の医療機関で使用している医薬品や医療機器、医療材料、所属している医療スタッフ（のスキル）などは、多角化する他の施設などへの汎用が容易であり、多角化戦略のメリットを享受するためにはうってつけの存在である。

1つの医療機関が複数の事業を同時に行ったほうが、誕生から死までを対象とすることが可能となり、複数の組織が事業を個別に実施するよりも効率的である（範囲の経済性）。

column 組織構造

基本的な組織構造として、職能別(機能別)組織、事業部制組織、マトリックス組織などがある。このうち事業部制組織については本文中で既に述べているため、ここでは他の2つの組織構造の概要について述べる。

●職能別組織

職能別(機能別)組織とは、職能や機能ごとに編成された組織のことであり、事業や製品の少ない中小企業に多い組織形態である。例えば、開発部門、生産部門、営業部門などの部門(部署)ごとに組織があり、個々の事業や製品を担当する部門が設けられている。一般的ないわゆる「会社」の組織としてイメージされやすい形態である。

職能別組織は、事業活動が職能ごとに分けられているため、専門的な知識や経験が蓄積されやすく、開発、生産、販売がそれぞれの部門で一括して行われるため、規模の経済(活動規模の拡大に伴ってコストが下がる)が期待できるというメリットがある。

ただし、各部門で高度な専門化が進むと、組織の部門間のコンフリクト(対立)が生じてしまい、組織が取り扱う製品群が増加すると、経営者の調整(例えば、開発と生産、生産と販売という部門間のすり合わせなど)活動の負担が大きくなる。そのため、部署や社員間の意識、目的の共有が難しくなりやすく、部署間の利害対立や局所最適化が発生しやすいというデメリットがある。

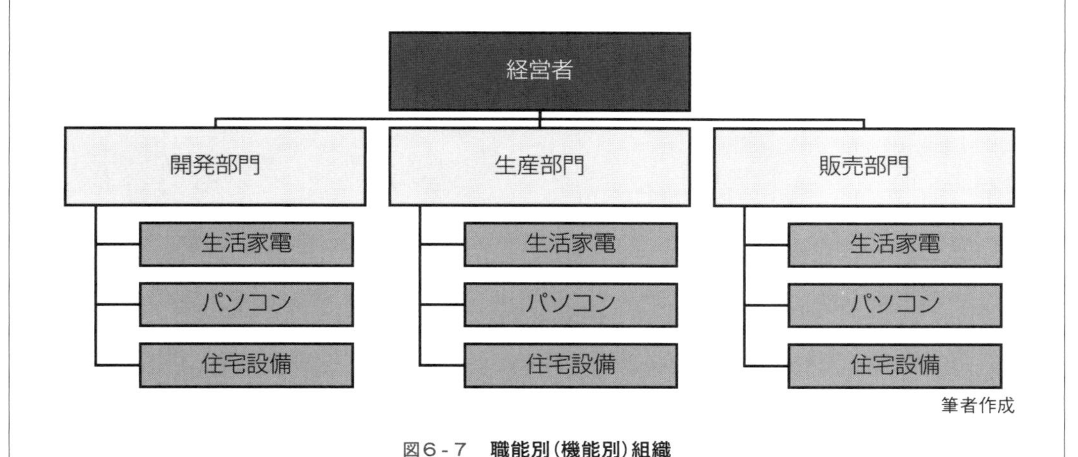

図6-7　職能別(機能別)組織

●マトリックス組織

マトリックス組織とは、機能別分業と並行分業のそれぞれの特徴を兼ね備えた組織形態であり、開発、生産、販売という機能でグループ化されると同時に、生活家電、パソコン、住宅設備という製品群でもグループ化される。それぞれのグループにリーダーがいるため、「ツーボス・システム」とも呼ばれる。

職能軸や製品軸という複数の報告関係が存在するため、縦方向や横方向へのコミュニケーションが促進されやすく、職能部門と製品事業部の双方から情報を収集して、新しい知識を創造することが可能となる。また、機能の重複が少なく、専門性を維持しつつ対象の市場や製品に集中できるというメリットがある。

ただし、ひとりの従業員に対して二重の命令系統が存在するため、それぞれのリーダーの命令が矛盾すると組織内で混乱が生じやすく、誰が誰に報告するのかが状況によって変化し、役割が不明瞭となりストレスとなりやすい。また、それぞれの部門や事業部の利害や権限の調整に負担がかかってしまう可能性があるというデメリットがある。

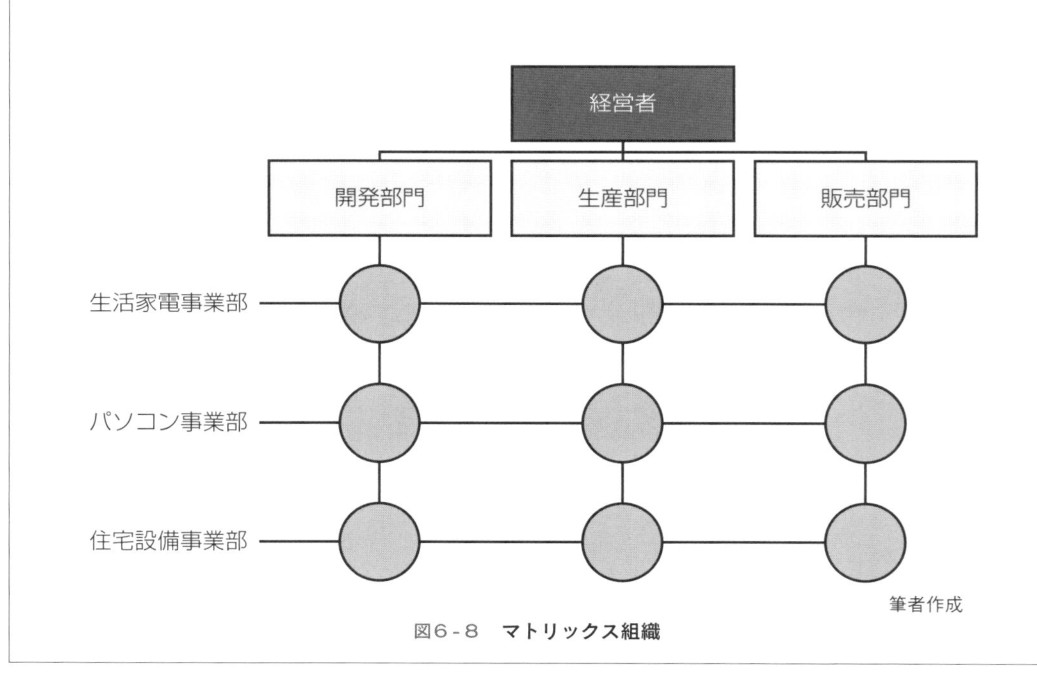

図6-8　**マトリックス組織**

3 企業戦略② ――国際戦略とは

1 国際戦略とは

国際戦略とは、当該組織の経営資源やケイパビリティ（組織能力）を国際的な市場をまたいで活用するための戦略である。国際戦略は、範囲の経済を働かせるための戦略であり、前節で述べた多角化戦略の一種である。

2 国際戦略のメリット

(1) 既存の製品・サービスに対する新規顧客の獲得

国内市場以外の顧客に対して、既存の製品やサービスの興味を持ってもらうことが新規顧客の獲得につながる。

(2) 安価な生産要素へのアクセスの確保

国際戦略を採用する場合、希少価値がある安価な原材料・労働力・技術を獲得することにつながる。

(3) 新たなコア・コンピタンスの形成

既存のコア・コンピタンスの強化および新たなコア・コンピタンスの形成につながる。

コア・コンピタンスとは、顧客に対して、他の組織には真似できない自組織ならではの価値を提供する中核的な力である（コア・コンピタンスの詳細は本章第5節で述べる）。

(4) 現行のコア・コンピタンスを新たな方法での活用

既存のコア・コンピタンスについて、新たな方法で活用する機会を生み出すことにつながる。

(5) 当該組織のリスクの軽減

複数の事業に多角化することで、当該組織全体としてのリスクを軽減させることにつながる。

3　国際戦略のデメリット

(1)金融リスク

円高・円安などの貨幣価値の変動による損失などが起こる可能性がある。

(2)政治的リスク

各国の政治の情勢の不安定さによる損失などが起こる可能性がある。

(3)ダイバーシティによるリスク

国籍、言語、価値観、考え方の相違による損失などが起こる可能性がある。

4　国際戦略における組織体制

国際戦略を実行する際、最も一般的な組織構造として事業部制組織を基本とした「分権連邦型」「調整連邦型」「集権ハブ型」「トランスナショナル構造」の４種類が挙げられる。

(1)分権連邦型

戦略および事業運営における意思決定は、事業部長や現地法人のトップに委ねられている。

(2)調整連邦型

事業運営における意思決定は、事業部長や現地法人のトップに委ねられ、戦略における意思決定は本社に委ねられている。

(3)集権ハブ型

戦略および事業運営における意思決定は、本社に委ねられている。

(4)トランスナショナル構造

戦略および事業運営における意思決定は、現地の状況に適応している国際的な統合を高める事業体に委ねられている。

5 医療機関における国際戦略

医療機関における国際戦略において最も重要なことは、ダイバーシティ・マネジメントである。

これからの時代は、外国籍の患者が増加するだけでなく、外国籍の医療スタッフも増加することが予想される。その際、言語や習慣、価値観の違いから、さまざまなコンフリクトが生じる可能性が高い。その結果、当該医療機関にとってプラスとならないだけでなく、医療スタッフの離職や患者離れにつながる可能性もあり、むしろマイナスとなる可能性が高い。

そのため、ダイバーシティを推進するための取り組みは非常に重要となる。多様な考え方や価値観を持つ組織メンバーそれぞれが、お互いを受け入れ、積極的に活かし合うことが重要となる。そうなるためには、多様な組織メンバーそれぞれの関係性を良好にする必要があるが、組織メンバー間の関係性を向上させるための方策として、組織開発というアプローチがある。

column ケイパビリティ(組織能力)

組織が環境を認識し、組織内外の資源を組み合わせて活用することによって、うまく環境に適応していく能力(組織能力)を指している。ケイパビリティは、当該組織の成長の原動力となる組織的能力や強みであり、経営資源や経営戦略と密接な関係がある。

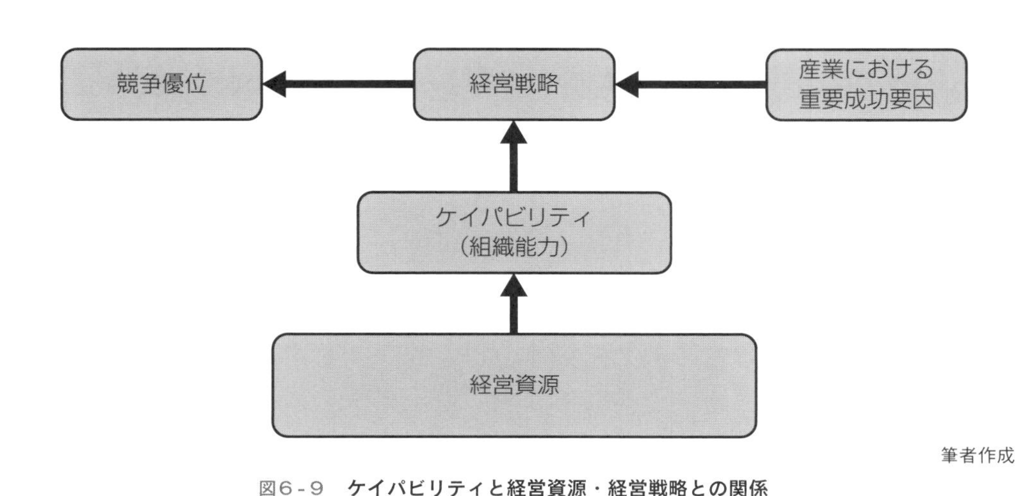

筆者作成

図6-9 ケイパビリティと経営資源・経営戦略との関係

column　ダイバーシティ・マネジメント

ダイバーシティ・マネジメントとは、「組織において高齢者、外国人、障害者などの持つ多様性をマネジメントする管理手法」である。つまり、本書におけるダイバーシティ・マネジメントとは、当該組織で働く外国人労働者のそれぞれが持っている考え方や価値観、信条などの違いを認め、当該組織にとって良い方向へ向かうようにマネジメントしていくことである。

実際にダイバーシティ・マネジメントを行うにあたって、経済産業省が推進している実践のためのガイドラインには、「経営戦略への組み込み」「推進体制の構築」「ガバナンスの改革」「全社的な環境・ルールの整備」「管理職の行動・意識改革」「従業員の行動・意識改革」「労働市場・資本市場への情報開示と対話」の7つのアクションが挙げられている。

column　組織開発

組織開発とは、組織メンバーが所属している組織の活性化を促進するためのアプローチであり、診断型組織開発と対話型組織開発に分類されている。

このうち対話型組織開発は、対話を通して組織メンバー間の会話の質や関係性が変化させ、組織メンバー間で共通した新しい考え方を創造させるという効果がある。対話型組織開発のうち、最も多用されている代表的なアプローチとしてAppreciative Inquiry（＝AI）というものがあり、昨今さまざまな医療機関で実践されている。AIは4Dサイクルモデルという4つのD（Discover、Dream、Design、Destiny）をサイクルさせていくアプローチである。

AIとは、組織メンバー間の関係性に目を向け、現存する力や希望、夢などの持ちうる力を引き出すアプローチであり、さまざまな成果を生み出すものである。組織メンバーの関係性に焦点を当てている。AIの成果には、協力体制の構築、ビジョン共有の促進、信頼関係の構築、相談頻度の増加などの人々の関係性（ネットワーク）に注目しているものがある。

AIは、ダイバーシティのデメリットを最小にするためだけのアプローチではなく、メリットを最大にするために必要な多様な考え方や価値観を認め合うことにもつながる可能性があり、ダイバーシティ・マネジメントに対して非常に有効なアプローチとなると考えられている。

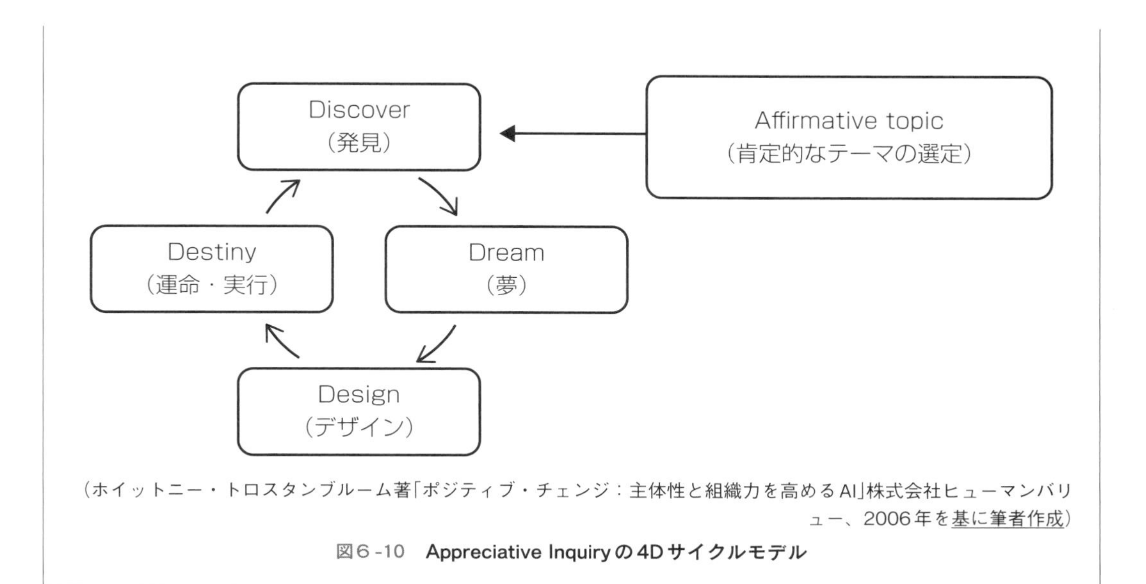

(ホイットニー・トロスタンブルーム著「ポジティブ・チェンジ：主体性と組織力を高めるAI」株式会社ヒューマンバリュー、2006年を基に筆者作成)

図6-10 Appreciative Inquiryの4Dサイクルモデル

企業戦略③ ――ネットワーク戦略とは

1 ネットワーク戦略とは

ネットワーク戦略とは、当該組織が属している地域などにおいて、さまざまな組織間での継続的な取引や協力関係を構築し、ネットワーク化する戦略である。

ここでいうネットワークとは、経営資源の共有・交換を可能にする組織および個人の関係を意味しており、対等な関係だけでなく階層的な関係も含んでいる。

2 ネットワーク戦略のメリット

(1)規模の経済性、シナジー効果

他の組織との協働関係を結ぶことによって得られる。

(2)コスト削減

職能業務の結合によって効率的になることで得られる。

(3)リスクの分散

他の組織と協働し投資を分散することで得られる。

3 ネットワーク戦略のデメリット

(1)パワーの不均等

当該組織と他の組織との間に支配・従属関係が発生する可能性がある。

(2)合意形成

組織間で合意を形成するためには、非常に時間がかかることが多く、機会を逃してしまう可能性がある。

4 医療機関におけるネットワークとは

ネットワークとは、2つ以上のものをつなぎ、情報や資産などを互いに共有しあう状態であり、1つだけで完結するのではなく、必ず相手が存在し、互いに合意の元に情報などをやりとりすることを指している。つまり、ネットワークが形成されるということは、当該ネットワーク内のメンバー同士で信念や価値観の共有が起こるのである。

医療機関における連携ネットワーク生成のロジックとしては、「対象のQOLの保持という目標を遂行する力」「ヒトとヒトとのつながり」「限定された目標の共有」の3つが挙げられる。これらは「自分を知り、相手を知る」「信頼関係構築のためのコミュニケーション」「目標共有のための価値創造」と言い換えることができる。

連携ネットワークには、提携型連携とネットワーク型連携とに分類される。

(1)提携型ネットワーク

中心にある医療機関以外の関係者は、互いに関係を結んでいないネットワークである。特定的で安定的な連携関係であり、地域全体の医療・介護供給の問題に埋め込まれていないという特徴がある。また、地域におけるケアの全体的な供給体制における一人の対象者として見なされておらず、患者や利用者は関係者の中に入っていないという特徴がある。

(2)ネットワーク型連携

各主体は、全体の枠組みの中で、それぞれも関係を取り結んでいる地域全体に埋め込まれた関係である。

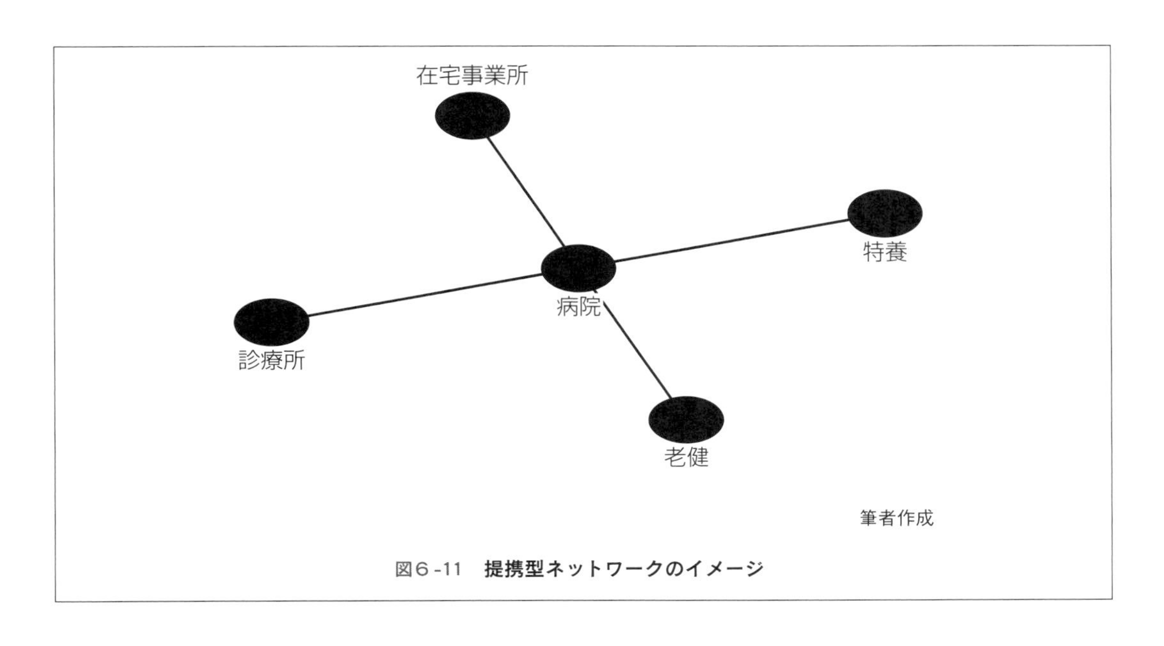

図6-11 提携型ネットワークのイメージ

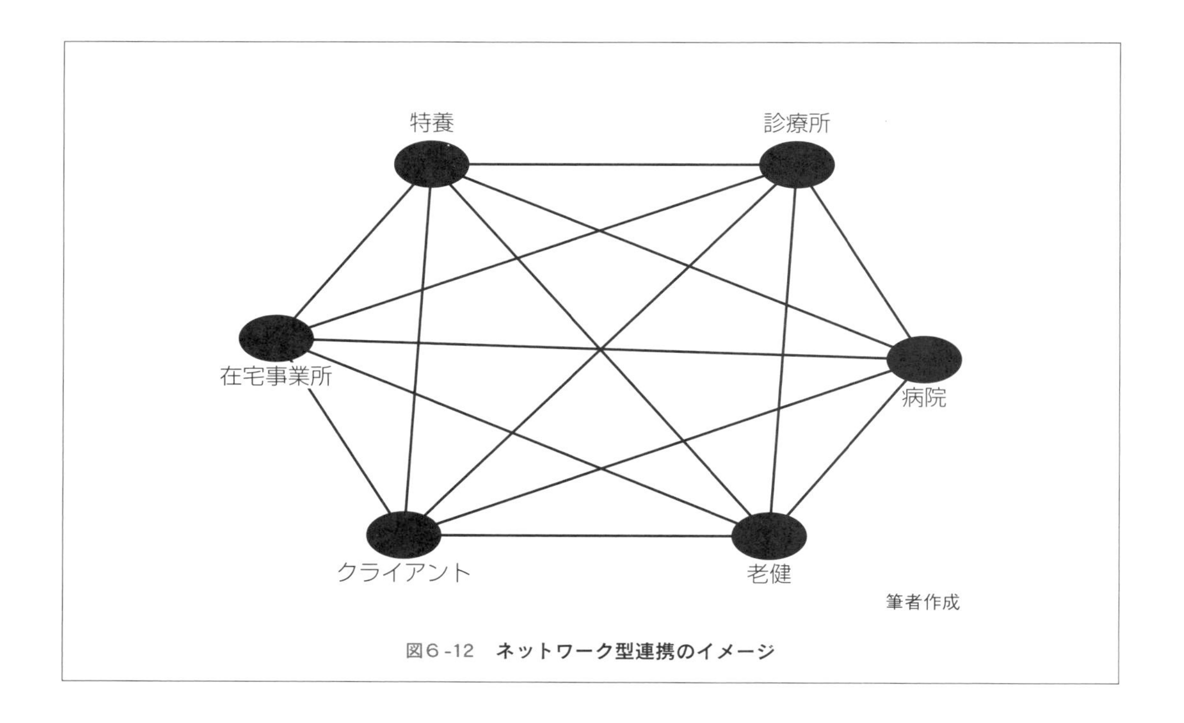

図6-12　**ネットワーク型連携のイメージ**

5 医療機関におけるネットワーク戦略

医療機関におけるネットワーク戦略の代表例として、地域医療連携や地域包括ケアシステムなどが挙げられる。

地域医療連携や地域包括ケアシステムなどでは、個別の医療機関それぞれが自組織のみを考えるのではなく、地域全体を見渡しながら、マネジメントしていくことが必要となる。また、少子高齢化の進展に伴う医療費抑制政策によって、病院の病床再編が進行するなか、地域医療連携システムの構築が不可欠になり、医療機関や老人保健施設などを核にしたエリアマネジメントおよび地域諸機関相互のネットワーク構築を考えていく必要がある。

6 エリアマネジメントとは

エリアマネジメントとは、地域における良好な環境や地域の価値を維持・向上させるための住民・事業主・地権者などによる主体的な取り組みである。

「つくること」だけではなく「育てること」、行政主導ではなく、住民・事業主・地権者等が主体的に進めること、多くの住民・事業主・地権者等が関わりあいながら進めること、一定のエリアを対象にしていること——などの特徴がある。

エリアマネジメントの成果としては、快適な地域環境の形成とその持続性の確保、地域活力の回復・増進、資産価値の維持・増大、住民・事業主・地権者等の地域への愛着や満足度の高まり――などがある。

医療機関の場合で言うと、急性期医療実施後の患者のその後の回復期や慢性期もしくは終末期にも焦点を当て、1つの医療機関だけでなく、エリア（地域）全体で医療福祉サービスを提供していこうというものである。例えば、ある地域にて急性期医療に特化した医療機関を持つ法人が、回復期医療や慢性期医療、終末期医療に特化した医療機関も開設し、地域の医療を一手に担うという戦略である。また、最近では医療のみに限らず、地域の福祉施設や訪問看護ステーションも同一法人内で用意し、地域の医療・福祉を包括的にマネジメントするような法人も見られるようになってきている。このとき、どのような医療機関や福祉施設を開設するのか、どの地域で開設するのか、地域住民のニーズは何かなどについて調査することが必要となる。

なお、医療機関におけるエリアマネジメントのメリットは以下のようなものがある。もちろんここに提示したものはほんの一例であり、この他にもさまざまなメリットが存在する。

（1）方向性の一致

同一法人であるため、法人の経営理念や経営ビジョン、そして経営戦略の統一を図りやすい。

（2）囲い込み

表現は悪いが患者を囲い込み手放すことがなく、常に当該医療機関の顧客となり得る。

（3）利害関係で対立しない

同一法人内の施設であるため、利害関係の対立が起こらない。

（4）シナジー効果

同一法人内の経営資源（ヒト、モノ、カネ、情報）の共用・移動が容易に行われる。

（5）診療機能の分化

川上から川下までの診療ネットワークが形成されることで、バリューチェーン形成において診療機能調整による優位性が向上する。

7 地域諸機関相互のネットワーク

エリアマネジメントは、経営資源の豊富な法人のみがとれる戦略であるため、経営資源の少ない中小規模レベルの医療機関では実践できない戦略である。そのため、現状では、同一法人によるマネジメントではなく、地域内の他の医療機関や福祉施設と連携・協力し、それぞれの機能を分担していくという戦略をとることが多い。このとき、注意しなければならないことは、どの医療機関や福祉施設などと連携するのか、連携する諸機関との利害関係や連携方法などである。エリアマネジメントとは異なり、さまざまな医療連携および福祉施設などと連携・協力しネットワークを構築していく必要がある。

しかし、それぞれの組織において経営理念や経営ビジョン、そして経営戦略が異なる。これはそれぞれの組織の目標や考え方、目標に向けての作戦が異なるということを示しており、連携・協力しネットワークを構築していくことは難しい。そのためある程度、似通った経営理念や経営ビジョン、そして経営戦略を掲げている組織とネットワークを構築していくことが必要となる。ただし、これは非常に難しいというのが現状である。そのため、新たな法人を作り、新たな理念や運営方針などを一から立案するという方法をとることがある。これを実践している法人が地域医療連携推進法人である。

8　地域医療連携推進法人とは

地域医療連携推進法人とは、地域において良質かつ適切な医療を効率的に提供するために、病院等の医療機関に係る業務の連携を推進するために医療連携推進方針を定め、医療連携推進業務を行う一般社団法人を都道府県知事が認定する制度である。つまり、急速な高齢化で医療と介護サービスの需要が高まってきたため、一定地域の複数事業者が同一法人内で連携を密にし、住民に医療と介護の切れ目のないサービスを提供できるように機能分担、業務協力しやすくする制度である。

医療連携推進法人のメリットは以下のようなものがある。もちろんここに提示したものはほんの一例であり、この他にもさまざまなメリットが存在するが、概ねエリアマネジメントと同様である。ただし、1つの法人がマネジメントするエリアマネジメントよりも管轄するエリアは広大であることが多い。

(1)方向性の一致

同一法人となるため、エリアマネジメントと同じく法人の理念や運営方針の統一を図りやすい。これまで述べてきたように、理念や方針の統一は非常に重要なものである。そして、理念や方針が法人内のスタッフに浸透することで、法人としての方向性を見出されるのである。

(2)利害関係で対立しない

同一法人内となるため、こちらもエリアマネジメントと同じく利害関係の対立が起こりにくい。後に述べるが、法人内での経営資源の共用・移動も可能となるため、医療機関レベルで対立する必要がない。

(3)シナジー効果

同一法人となるため、経営資源(ヒト、モノ、カネ、情報)の共用・移動が容易に行われる。

例えば、ヒトに関しては、医療スタッフ間の法人内での異動(再配置)や人材教育の統一、それに応じた法人内でのキャリアパスの構築などが挙げられる。モノに関しては、法人内での医療機器の共同利用や病床の共有などが挙げられる。病床の共有とは、例えば、グループ内のA病院の病床が過剰気味であり、同じグループ内のB病院の病床が不足気味であった場合、それぞれに患者を分配することでA病院・B病院ともに病床が充実するということである。カネに関しては、法人内で資金の貸し借りができるということが挙げられる。昨今の医療機関経営においては非常に重要なことである。情報に関しては、法人内でのオンラインを使用した患者情報の一元化などが挙げられる。患者情報の一元化は各医療機関の手間の解消につながることはもちろんのこと、何よりも患者の負担の軽減につながるため是非実施してほしい。なお、余談ではあるがロシアでは国内の医療情報の一元化がなされるように国家主導で進められている。

(4)診療機能の分化

同一法人となることで、川上から川下までの診療ネットワークが形成され、バリューチェーン形成において診療機能調整による優位性が向上する。

例えば、昨今問題となっている救急患者・妊婦のたらい回しを起こさず円滑な受け入れを実現できたり、退院支援・退院調整を法人内で円滑に実践できたり、在宅医療機関と介護事業所の連携を実践できたりすることなどである。これらが実践されることで患者の利益にもなる。その結果、法人への満足度が向上し、法人全体が潤うことにつながるのである。

5 企業戦略④——資源アプローチとは

1 資源アプローチとは

資源アプローチとは、リソース・ベースト・ビュー(RBV：ResourceBased View)とも呼ばれており、当該組織が競合している他の組織よりも優位に立つ要因を組織内部の資源(内部環境)に求めるアプローチである。この資源アプローチ以外の戦略は当該組織の外部環境に焦点を当てるアプローチであり、ポジショニング・アプローチと呼ばれている。資源アプローチは、このポジショニング・アプローチと対を成すアプローチである。

なお、経営資源には、ヒト・モノ・カネ・情報などがあるが、その中で他の組織が模倣できないものや競争優位の源泉となるものを当該組織のコア・コンピタンスと呼んでいる。資源アプローチでは、このコア・コンピタンスを活かすことが重要となる。

2 コア・コンピタンス

第3節でも述べたように、コア・コンピタンスとは、顧客に対して、他の組織には真似できない自組織ならではの価値を提供する中核的な力である。コア・コンピタンスを見極める際に重要な5つの要素として、「模倣可能性」「移動可能性」「代替可能性」「希少性」「耐久性」がある。

(1)模倣可能性

当該組織の技術や特性が、他の組織に模倣される可能性の有無について評価する。

模倣可能性が低ければ低いほど、競争優位性を得ることができる。

(2)移動可能性

当該組織の提供している製品やサービスが単一のものではなく、多くの製品やサービスに応用することができ、幅広く展開していくことができる可能性の有無や程度について評価する。

移動可能性が高ければ高いほど、次々と優れた商品やサービスを提供していけることになる。

(3) 代替可能性

当該組織の強みが、簡単に他の方法で代替できるか否かの可能性について評価する。

代替可能性が高ければ高いほど、独占的にシェアを獲得しやすい。

(4) 希少性

当該組織の技術などが珍しいものか否か、希少価値の有無について評価する。

希少性が高ければ高いほど、強い武器へと成長する可能性が高くなる。

(5) 耐久性

当該組織の強みが長期に渡って競争優位性を維持することができるか否かの可能性について評価する。

耐久度が高ければ高いほど、コア・コンピタンスの価値が補償され、廃れにくいものとなる。

3 医療機関における資源アプローチ

医療機関における資源アプローチにおいても、自院のコア・コンピタンスを把握し、効果的に活かすことが重要となる。

例えば、第4章で述べたVRIO分析を用いると自院のコア・コンピタンスを把握しやすくなる。自院のコア・コンピタンスが同一診療圏内の他の医療機関と同様のものしかない場合は、自院独自のコア・コンピタンスを構築していく必要がある。しかし、コア・コンピタンスの構築には時間がかかるため、普段からコア・コンピタンスの構築を意識したマネジメントが必要となる。

事業戦略①——基本戦略とは

1　基本戦略とは

基本戦略とは、競争の範囲が「広範囲」なのか「集中的」なのか、競争優位のタイプは「低コスト」なのか「特異性」があるのかという4つの視点から、当該組織が属している業界内で持続性のある競争優位を構築していくための戦略である。

この4つの視点から基本戦略は、「コスト・リーダーシップ戦略」「差別化戦略」「集中戦略(コスト集中戦略、差別化集中戦略)」という3つに分類される。

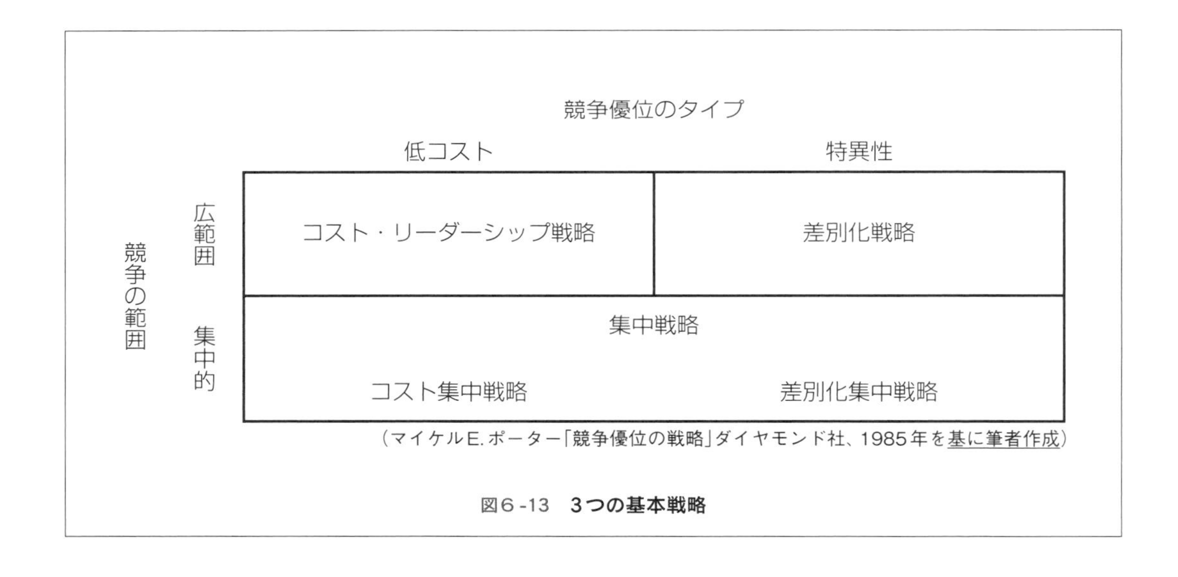

（マイケルE.ポーター「競争優位の戦略」ダイヤモンド社、1985年を基に筆者作成）

図6-13　**3つの基本戦略**

2　コスト・リーダーシップ戦略とは

コスト・リーダーシップ戦略とは、競合している他の組織よりも低いコストを実現することによって競争優位を構築していく戦略である。

例えば、大量生産によって低コストが実現できると、競合している他の組織よりも低価格で商品やサービスを提供することができる。それが他の組織の提供している製品やサービスと同程度の内容や品質のものならば、顧客は低価格の製品やサービスを選択することは予想できるだろう。その結果、シェアが拡大し収益が向上する。もしくは、同じ価格帯で製品やサービスを提供する場合も、生産コストが低下しているため、結果的に収益は向上する。ここで得られた収益をさらなる設備投資やオペレーションの改善などにまわすことで、製品やサービスの生産などにかかるコストを低下させることができるのである。

つまり、安く作ることが前提であり、いわゆる大量生産・大量販売である。これにより、規模の経済性や経験曲線（累積生産量増加にともなって、1製品当たりの製造コストが低下すること）によってシェアが拡大し、業界内のコスト・リーダーのポジションをとることができるのである。

コスト・リーダーシップ戦略のデメリットとしては、多大なコストがかかることや価格競争に巻き込まれる可能性が高いということが挙げられる。

(1)多大なコスト

規模の経済性や経験曲線の効果を得るためには、経営資源や時間も含めた多大なコストが必要となる。そのため、経営資源の豊富な大企業に有利な戦略であると言える。

つまり、経営資源の貧弱な中小企業には向かない戦略なのである。

(2)価格競争

競合している他の組織が価格競争を挑んできた場合、より低価格で製品やサービスを提供しなければ競争優位性は失われる。そのため、さらに低価格で製品やサービスを提供することになるが、これが進むと収益率は低下してしまう。これは競合している他の組織から見ても同様のことであり、コスト・リーダーを目指す組織同士が陥りやすい罠である。

なお、コスト・リーダーシップ戦略を実行するためには、できるだけ少ない階層の報告構造や単純な報告関係などの組織構造、コスト・リーダーシップに対する価値観の共有や厳格なコスト管理システムの構築などのマネジメントシステム、そしてコスト削減に対する報奨金の捻出などの報酬制度などを取り入れた組織体制が重要となる。

3 差別化戦略とは

差別化戦略とは、当該組織の製品やサービスを競合している他の組織の製品やサービスと差別化することで、収益を向上させようとしていく戦略である。

いったん差別化に成功すると、相対的に高い価格を設定することが可能となるため収益が向上しやすい。ここで得られた収益をさらなる差別化実現のために投資することで、持続的な競争優位性を築くことができるのである。

差別化には、技術や品質、ブランド、販売チャネル、アフターサービス、利便性――などさまざまなものがあり、製品やサービスごとにさまざまなものがある。ただし、いくら差別化したとしても当該組織の提供する製品やサービスが選択されるか否かの判断は、製品やサービスを利用する顧客に委ねられている。

差別化戦略のデメリットとしては、競争相手の模倣や価格の上昇などが挙げられる。

(1)競争相手の模倣

競合している他の組織が差別化した商品やサービスを模倣してくることにより、差別化が図れなくなってしまう可能性がある。

(2)価格の上昇

開発費用なども含めると、既存の製品やサービスよりも価格が高くなりやすくなる。

4　集中戦略(コスト集中戦略、差別化集中戦略)とは

集中戦略とは、特定の市場や製品・サービスにターゲットを絞り、当該組織の経営資源を集中的に投入することで競争優位を構築しようとする戦略である。

市場全体をターゲットとするだけの力がない組織であっても、特定の市場や顧客、製品・サービスなどにターゲットを絞り込んで、そこに経営資源を集中して投入することで、競争優位性を構築することができる。なお、コスト集中戦略とは、集中したターゲットに対してコスト優位を追求する戦略であり、差別化集中戦略とは、集中したターゲットに対して差別化を追求する戦略である。

集中戦略のデメリットとしては、変化への対応の困難さや事業規模の縮小などが挙げられる。

(1)変化への対応

集中したターゲットが属する業界にてニーズの変化(流行の変化)が起こる可能性があるが、経営資源を特定のターゲットに集中しているため対応が難しい。

(2)事業規模

集中している市場がある程度以上の規模を持たなくなってしまった場合、事業として成り立たなくなる可能性がある。

5　医療機関におけるコスト・リーダーシップ戦略

診療報酬制度がある医療機関において、コスト・リーダーシップ戦略は存在しないもの

だと考えがちだが決してそうではない。もちろん、保険診療内の医療サービスに差は生まれないが、保険診療外のいわゆる自費診療に関わるものには差が発生している。例えば、個室使用などによる差額ベッド代金などが該当し、各医療機関において貴重な収入源となっていることが多い。

つまり、医療機関においては差額ベッド代金が発生するベッドの使用を推奨していきたいところではある。しかし、実際には差額ベッド代金は患者にとっての負担が大きく、差額ベッド代金が発生するベッドの使用を拒否する患者も多いというのが現状である。そのため、差額ベッド代金を無料もしくは限りなく無料に近い価格に設定し、集患に努める医療機関も存在する。

また、当該医療機関の全ベッド数における差額ベッド代金が発生するベッドの割合を増加させ、差額ベッド代金そのものの単価を下げ、患者負担を少なくし、集患につなげるという戦略をとる医療機関も存在する。

6 医療機関における差別化戦略

医療機関における差別化戦略としては、患者にとってわかりやすい内容の差別化であることが望ましい。例えば、競合している他の医療機関が保有していない診療科や検査方法(特有の内視鏡や画像診断装置の保有など)を保有していることなどが該当する。同一診療圏内と診療科や検査方法などに重複がなければ、おのずと患者は自院を選択することになる。

つまり、同一診療圏内の各医療機関が既に開いている診療科や検査方法とは異なる診療科や新しい検査方法を実践できるように器材や人員をそろえることが必要となるのである。また、他の医療機関の診療科が専門特化しているのであれば、自院は敢えて専門特化せずに総合診療科を開設することも差別化戦略となる得るだろう。この他にも、産婦人科クリニックなどでよく見られるが、ホテルに滞在しているような居心地の良さを提供することで差別化を図るという手法もある。

7 医療機関における集中戦略

医療機関における集中戦略とは、他の医療機関と単に差別化するのではなく、特定の診療科や検査方法に専門特化することなどが該当する。例えば、よくあるのは「○○専門病院」や「●●専門外来」などである。この他にも、ヘルニア治療や白内障治療、画像診断などのような、特定の疾患に対する手術件数や検査件数なども集中戦略をとるうえでは重要な指標となる。このような専門特化する医療機関は多く、非常にわかりやすい戦略の1つであると言える。

事業戦略②——製品ライフサイクル戦略とは

1　製品ライフサイクル戦略とは

製品やサービスにはライフサイクルがある。ライフサイクルは、製品やサービスが誕生し市場に現れる「導入期」、その後に成長していく「成長期」、さらに成長し成熟していく「成熟期」、最終的に衰退していく「衰退期」の4つのステージに分類され、ライフサイクルの長さは製品やサービスごとに異なる。

このライフサイクルごとに考える戦略を製品ライフサイクル戦略と呼んでいる。

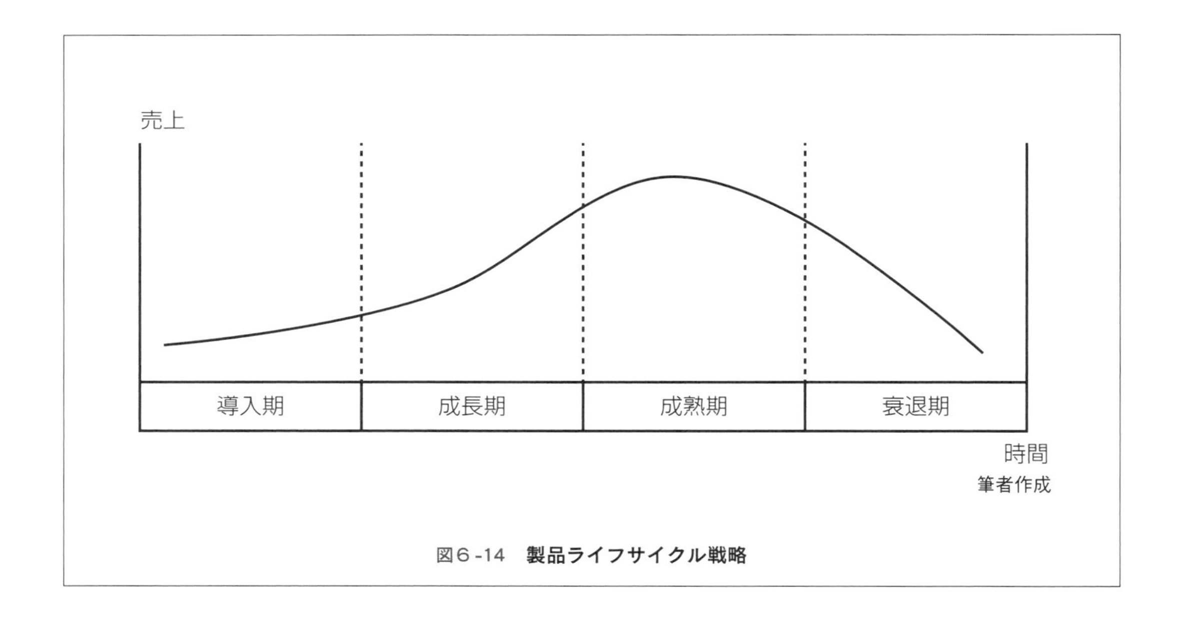

図6-14　製品ライフサイクル戦略

2　4つのステージの戦略

(1)導入期

競争相手がいないか非常に少ないため、売上が徐々に上昇するステージである。

当該組織の製品やサービスの認知度を向上させ、顧客の新規獲得をねらった戦略が必要となる。

このステージの顧客は、イノベーター(革新的採用者)と呼ばれている。

(2)成長期

製品やサービスが市場で幅広く受け入れられ始めるため、売上も利益も上昇するステージである。市場に多くの競争相手が参入し競争は激化するが、市場自体が拡大していくため、すべての参入者が利益を得ることになる。

当該組織の製品やサービスの市場への浸透をねらった戦略が必要となる。

このステージの顧客は、アーリーアダプター(初期少数採用者)やアーリーマジョリティ(前期多数採用者)と呼ばれている。

(3)成熟期

製品やサービスの売上や利益が最大となるが、支出は減少するというステージである。

当該組織の市場シェアの防衛と競争相手から市場シェアの奪取をねらった戦略が必要となる。

このステージの顧客は、レイトマジョリティ(後期多数採用者)と呼ばれている。

(4)衰退期

製品やサービスの売上も利益もともに減少し、資金的には落ち着いたステージである。

当該組織の属する市場からの撤退を視野に入れて、少しでも利益獲得をねらった戦略が必要となる。

このステージの顧客は、ラガーズ(採用遅滞者)と呼ばれている。

3 医療機関における製品ライフサイクル戦略

(1)導入期

同一診療圏内の他の医療機関が提供していない新しい診療方法や検査方法などを展開し始めた時期や、無医地区内への医療機関開設(へき地医療)当初などが該当する。なお、無医地区とは、医療機関のない地域のことである。具体的には、当該地域の中心的な場所から半径4kmの区域内に人口50人以上が居住している地域であり、容易に医療機関を利用できない地区のことである。

この時期は、ライバルも非常に少ないため患者数が増加しやすい。ただし、当該地域の潜在顧客である地域住民に対して医療機関や診療方法などの周知が必要となる。

(2) 成長期

展開している医療が地域住民に認知され受け入れられ始める時期であり、自組織の展開している医療を他の医療機関も模倣してくる時期でもある。ただし、この段階では患者の取り合いというレベルのものはなく、すべての参入者の患者は増加する傾向にある。

この時期は、今後のことを考え、他の医療機関との差別化を強化していくことが必要となる。

(3) 成熟期

展開している医療が地域住民に十分に浸透している時期である。

この時期は、自組織の患者を逃さず、他の医療機関の患者を獲得することが必要となる。そのためには、自組織の評判が重要である。医療事故はもちろんのこと、医療スタッフの接遇なども評判を上下させる要因となり得るため、医療スタッフへの教育を徹底することが必要となる。

(4) 衰退期

展開している医療が地域住民のニーズと合致しなくなりつつある時期である。

この時期は、既存の診療方法や検査方法などを変更していくことが必要となる。ただし、既存の診療方法や検査方法などから他の診療方法や検査方法への変化を受け入れ難い患者やスタッフも多いため、患者やスタッフの納得のいく説明を行うことが必要となる。特に医療機関の顧客である患者の多くは高齢者であり、この傾向は顕著である。

事業戦略③——市場地位別戦略とは

1 市場地位別戦略とは

市場地位別戦略とは、経営資源の質の高低、経営資源の量の大小という4つの視点から、当該組織が属している市場内の地位に応じた競争優位を構築していくための戦略である。

この4つの視点から市場地位別戦略は「リーダー」「チャレンジャー」「フォロワー」「ニッチャー」という4つに分類される。仮に当該組織にそぐわない戦略をとった場合は、経営資源や労力を不要に消耗することになる。そのため、市場内の地位の把握が必要となる。

経営資源の質 ＼ 経営資源の量	大	小
高	リーダー	ニッチャー
低	チャレンジャー	フォロワー

筆者作成

図6-15　市場地位別戦略

2 市場地位別戦略における4つの類型

(1)リーダー

市場において最大の相対的経営資源を有する組織を指しており、当該市場で最大の市場シェアを持ち、独自能力の優位性も持っていることが多い。

トップの地位を維持するために、全方位に同質化した戦略を取ることが望ましい。

(2)チャレンジャー

リーダーに準ずる相対的経営資源を持ちつつ、リーダーと市場シェア争いを行うことが可能な組織であるが、リーダーと比較すると優位性は少ない。

当該組織の独自能力を絞り込み、リーダーと差異化した戦略を取ることが望ましい。

(3)フォロワー

相対的経営資源などにおいて、リーダーやチャレンジャーと市場シェアを争う位置におらず、特徴的な独自性を持っていない。

リーダーやチャレンジャーの戦略を観察し模倣していくという戦略を取ることが望ましい。

(4)ニッチャー

フォロワーと同様に相対的経営資源などにおいて、リーダーを直接狙う位置にはないものの、何らかの独自性を有している組織である。

独自の能力や対象とする市場を絞り込み、当該市場内でのミニリーダーを目指すような戦略を取ることが望ましい。

3　医療機関における市場地位別戦略

(1)リーダー

大学病院や都道府県立病院などの大規模総合病院が、リーダーに該当する。

現状を維持するための戦略を継続することが望ましい。仮に、同一診療圏内の他の医療機関(特にチャレンジャー)が勝負を挑んできた場合は、当該医療機関の戦略と同じ戦略を採用するという選択肢もある(同質化戦略)。

(2)チャレンジャー

リーダーとなる病院と同レベルの医療サービスを提供することが可能な中規模レベルの医療機関が、チャレンジャーに該当する。

目標はリーダーを超えることにあるため、リーダーの有していない経営資源を利用し、同質化を行わせないような戦略をとることが必要となる。例えば、救急対応から地域連携や地域包括ケアの機能まで有したエリアマネジメントを実践するという戦略も選択肢の1つとして考えられる。これはリーダーへの挑戦というよりも、リーダーと共存していくための差別化とも捉えることができる。

このような戦略をとることで、当該医療機関の診療圏内の患者は、自身のニーズにあった医療機関を選択することになる。これは患者にとっても非常に喜ばしい状況であり、まさにWin-Winの状態であると言える。

(3)フォロワー

診療所などの小規模医療機関が、フォロワーに該当する。

大規模および中規模レベルの医療機関が行っていることを行うのではなく、小規模医療機関だからできることを行うことが必要となる。また、同一診療圏内の大規模および中規模レベルの医療機関との関係も重要となる。

小規模医療機関は、「かかりつけ医」や「町のお医者さん」と表現されることが多く、診療圏内の患者が医療サービスを受ける際の入り口となり、医療サービスを提供していくことになる。また、病状次第では大規模および中規模レベルの医療機関への紹介(橋渡し)を行うことになる。このような場合、患者の病状が落ち着くと同時に、紹介先である自組織に戻ってくるようにすることが重要である。そのためには、患者との関係はもちろんのこと、紹介先の医療機関との関係も良好なものにしておくことも必要となる。

(4)ニッチャー

同一診療圏内の他の医療機関が模倣することの困難な独自性の高い唯一の医療機関が、ニッチャーに該当する。

他の医療機関が対象としていない、もしくはできるだけ対象としたくない診療科などを標榜するという戦略をとることが望ましい。

確認問題

企業戦略について、正しいものを１つ選べ。

〔選択肢〕

①多角化戦略とは、当該組織が従来事業を展開してきた既存の市場に対して、従来通りの既存の製品やサービスを提供していく戦略である。

②国際戦略とは、当該組織の経営資源やケイパビリティを国際的な市場をまたいで活用するための戦略である。

③規模の経済性とは、組織が環境を認識し、組織内外の資源を組み合わせて活用することによって、うまく環境に適応していく組織能力である。

④ブルー・オーシャン戦略とは、当該組織が属している地域などにおいて、さまざまな組織間での継続的な取引や協力関係を構築し、ネットワーク化する戦略である。

⑤シナジー効果とは、顧客に対して、他の組織には真似できない自組織ならではの価値を提供する中核的な力である。

解答1

②

解説1

①×：アンゾフの成長マトリックスによって「市場浸透戦略」「市場開拓戦略」「製品開発戦略」「多角化戦略」に分類されるが、このうち「多角化戦略」とは、当該組織がこれまで展開してきた既存の市場ではない新たな市場に対して、これまで提供してこなかった新製品や新サービスを提供していく戦略である。設問の内容は「市場浸透戦略」の内容である。なお、「市場開拓戦略」とは、当該組織がこれまで展開してきた既存の市場ではない新たな市場に対して、従来通りの既存の製品やサービスを提供していく戦略であり、「製品開発戦略」とは、当該組織が従来事業を展開してきた既存の市場に対して、これまで提供してこなかった新製品や新サービスを提供していく戦略である。

②○：選択肢の通り。国際戦略とは、当該組織の経営資源やケイパビリティを国際的な市場をまたいで活用するための戦略であり、範囲の経済を働かせるための戦略であり、多角化戦略の一種である。

③×：規模の経済性とは、生産の規模が大きくなればなるほど製品ひとつあたりの平均コストが下がる(スケールメリット)ということを指している。設問の内容は「ケイパビリティ」の内容であり、ケイパビリティは当該組織の成長の原動力となる組織的能力や強みであり、経営資源や経営戦略と密接な関係がある。

④×：ブルー・オーシャン戦略とは、競争の激しい既存市場(レッド・オーシャン)を避け、競争のない未開拓市場(ブルー・オーシャン)を切り開いていこうとする戦略である。設問の内容は「ネットワーク戦略」の内容である。

⑤×：シナジー効果とは、相乗効果とも呼ばれ、経営資源の部分的なものの総和より大きな結合利益を得ることができることである。1＋1＝2ではなく1＋1＝2以上となるような現象である。設問の内容は「コア・コンピタンス」の内容である。「コア・コンピタンス」を見極める際に重要な5つの要素として、「模倣可能性」「移動可能性」「代替可能性」「希少性」「耐久性」がある。

問題 2　事業戦略について、正しいものを1つ選べ。

〔選択肢〕

①コスト・リーダーシップ戦略とは、収益を第一に考えて競争優位を構築していく戦略である。

②差別化戦略とは、特定の市場や製品・サービスにターゲットを絞り、当該組織の経営資源を集中的に投入することで競争優位を構築しようとする戦略である。

③集中戦略とは、当該組織の製品やサービスの認知を向上させ、顧客の新規獲得をねらった戦略である。

④製品ライフサイクル戦略とは、製品やサービスのライフサイクルごとに考える戦略である。

⑤市場地位別戦略とは、競争の範囲が「広範囲」なのか「集中的」なのか、競争優位のタイプは「低コスト」なのか「特異性」があるのかという4つの視点から、当該組織が属している業界内で持続性のある競争優位を構築していくための戦略である。

解答 2

④

解説 2

①×：コスト・リーダーシップ戦略とは、ただ収益を第一に考えていく戦略ではなく、競合している他の組織よりも低いコストを実現することによって競争優位を構築していく戦略である。

②×：差別化戦略とは、当該組織の製品やサービスを競合している他の組織の製品やサービスと差別化することで、収益を向上させようとしていく戦略である。いったん差別化に成功すると、相対的に高い価格を設定することが可能となるため収益が向上しやすく、得られた収益をさらなる差別化実現のために投資することで、持続的な競争優位性を築くことができるという特徴がある。設問の内容は集中化戦略の内容である。

③×：集中戦略とは、特定の市場や製品・サービスにターゲットを絞り、当該組織の経営資源を集中的に投入することで競争優位を構築しようとする戦略である。市場全体をターゲットとするだけの力がない組織であっても、特定の市場や顧客、製品・サービスなどにターゲットを絞り込んで、そこに経営資源を集中して投入することで、競争優位性を構築することができるという特徴がある。設問の内容は、製品ライフサイクル戦略の「導入期」における戦略である。

④○：選択肢の通り。製品ライフサイクル戦略とは、製品やサービスのライフサイクルごとに考える戦略である。ライフサイクルは、製品やサービスが誕生し市場に現れる「導入期」、その後に成長していく「成長期」、さらに成長し成熟していく「成熟期」、最終的に衰退していく「衰退期」の４つのステージに分類される。なお、ライフサイクルの長さは製品やサービスごとに異なる。

⑤×：市場地位別戦略とは、経営資源の質の高低、経営資源の量の大小という４つの視点から、当該組織が属している市場内の地位に応じた競争優位を構築していくための戦略である。この４つの視点から市場地位別戦略は「リー

ダー」「チャレンジャー」「フォロワー」「ニッチャー」という4つに分類される。仮に当該組織にそぐわない戦略をとった場合は、経営資源や労力を不要に消耗することになる。設問の内容は基本戦略の内容である。

第7章

医療機関における経営戦略の実際

医療機関における経営戦略の実際①——医療法人財団S会の事例

医療法人財団Ｓ会は、25床の小規模病院として開設された医療機関である。開院当初より地域での評判も良く、看護師の定着率も良い医療機関であった。しかし、定着率が良いことが裏目に出てしまい人件費が高騰するようになってしまった。その他さまざまな要因により次第に経営が圧迫されるようになり、このままでは自院の存続も難しくなるという状況に陥ってしまった。自院の存続のために戦略を再検討していく必要に迫られたが、自院の周辺の競合相手には大規模医療機関が多く、まともに立ち向かっても勝ち目はなかった。

そのため、コンサルタントからは専門特化（差別化戦略or集中戦略）を勧められた。一般的に考えると、このような戦略は医療法人財団Ｓ会にとって素晴らしい戦略である。しかし、医療法人財団Ｓ会は、最新医療機器の購入などによる多額の投資コストが必要となるため、断念することとなった。

次に医療法人財団Ｓ会で考えられた戦略は、地域に根差した高齢者医療の提供を基軸にした多角化であった。近隣に大規模医療機関が存在する自院が属する地域の患者に求められていることは、地域密着型の医療機関であったためである。もともと地域から信頼の厚かったことから、地域住民の必要に応じて、老人保健施設、訪問看護ステーション、在宅介護支援センター、訪問介護事業所、グループホーム、クリニック、ケアプラン事業所などを展開していくことで、ますます地域住民の信頼を勝ち取り、事業の拡大につながっていったのである。

また、介護施設を展開したことでエリアマネジメントと似たような状況となったことで、（おそらくシナジー効果が起こり）自院の経営を圧迫していた人件費を抑えることにつながった。ただし、事業を拡大し続けたため、事業内の各施設間の連携は十分に取れているとは言えない状態となり、各施設間の連携が今後の課題となっている。

※厚生労働省「医療機関の経営支援に関する調査研究報告書：ケーススタディ（1）」医療施設経営安定化推進事業、2012年を基に筆者作成

2 医療機関における経営戦略の実際②――社会医療法人Ｈ会の事例

社会医療法人Ｈ会は、31床の企業立病院として開設された医療機関である。その後段階的に病床数を増加させ最終的には199床の医療機関となった。この時点で新築移転計画が持ち上がり、199床という限られた医療資源を最大限に活かすための戦略が必要となった。その結果、地域密着型の病院を志向するとともにハイレベルの技術を提供するという戦略をとることになった。例えば、大学病院との連携、専門診療の強化、県全域からの患者の確保、周囲の医療機関からの患者の引継ぎなどである。このことにより、当該地域に必要不可欠な病院となり、地域密着型の病院としての立ち位置を明確にしたのである。

	プラス要因	マイナス要因
内部環境要因	Strength（強み）： ・立地（豊かな自然環境） ・整形外科、周産期医療への取組み実績 ・職員のホスピタリティに対する高い評価	Weakness（弱み）： ・病院建物の老朽化、狭隘さ
外部環境要因	Opportunity（機会）： ・７対１入院基本料の創設 ・近隣病院の分娩取扱い停止	Threat（脅威）： ・介護療養病床廃止 ・松本保健医療圏における病床過剰 ・近隣競合病院の状

図７-１　社会医療法人Ｈ会のSWOT分析

現在社会医療法人Ｈ会は、入院患者の高齢化により入院早期からの在宅支援や院内の多職種連携の重要性が増しているため、院内の連携強化やサービス付き高齢者向け住宅を附帯業務としている。また、入院患者の退院先の確保のために、入院から退院・在宅までの一貫した医療提供サービスを提供することを可能とするような戦略が進められている。

※厚生労働省「医療機関の経営支援に関する調査研究報告書：ケーススタディ(5)」医療施設経営安定化推進事業、2012年を基に筆者作成

3 医療機関における経営戦略の実際③——医療法人社団Ｏ会の事例

医療法人社団Ｏ会は、もともと個人立の診療所として開設された医療機関である。当該診療所は開院後しばらくして当時珍しかった内視鏡を導入し患者数を増加させ、その結果として診療所から病院へと拡大していった。つまり、他の医療機関との差別化を図り、患者数の増加につなげるという差別化戦略を採用していたのである。その結果、戦略は成功し、病院の設立に至ったのである。

その後、環境の変化とともに、続々と病院、老人保健施設、ケアハウス、居宅介護サービス、高齢者自立支援型共同住宅事業、子育て支援事業、配食サービス事業などを設立するという事業の多角化を行うようになりグループ化した、いわゆる「保健、医療および福祉の複合体」である。

医療法人社団Ｏ会のマネジメント方式は、理事長によるトップダウン型である。理事長自らが率先して経営分析を含めた法人経営に着手し、他の医療機関が行っていないことにチャレンジしたいという気持ちを前面に出し、新しい発想（イノベーション）を創造し、部下を引っ張っていくというリーダーシップを発揮している。このことが診療所から病院へと転換するきっかけとなった内視鏡の導入による他の医療機関との差別化や事業の多角化につながっている。

そして、これらの戦略を効果的に実践していくためには、経営理念や経営ビジョンの理解・浸透が必須となる。医療法人社団Ｏ会では、スタッフの採用についても理事長自らが面接を実施し、経営理念や方針に納得できる人材を採用している。つまり、入職時には既に経営理念や経営ビジョンの理解・浸透が図られており、その結果として医療法人社団Ｏ会では経営戦略をスムーズに実行できている可能性が高い。

※厚生労働省「医療者のニーズからみた多角的事業展開」中小病院経営改善ハンドブック作成及び普及事業、2003年を基に筆者作成

column 保健、医療および福祉の複合体

医療機関では、1つの医療機関が異なる類型の医療機関や訪問看護ステーション、老人保健施設などを併せ持つという戦略をとることが多い。例えば、病院・診療所や病院・訪問看護ステーション、病院・老人保健施設という2類型の組み合わせ、病院・診療所・老人保健施設という3類型の組み合わせ、病院・診療所・訪問看護ステーション・老人保健施設という4類型の組み合わせなどのさまざまな形態がある。

このような状態を「保健、医療および福祉の複合体」と呼んでおり、日本の全医療機関の20％程度は何らかの「複合体」を形成している。なお、「保健、医療および福祉の複合体」は、「グループ」や「チェーン」と呼ばれることもあり、医療スタッフの養成所が「保健、医療および福祉の複合体」に組み込まれている場合もある。

おわりに

昨今、医療機関を取り巻く経営環境は大きく変化し続けており、医療費抑制政策によって診療報酬のマイナス改定や患者の受診数の減少など各医療機関に多大な影響を及ぼしている。そのため、各医療機関はそれぞれ生き残りをかけ、さまざまな方策をとることになり、結果として医療機関同士の競争が激しくなっている。そして、この生き残り競争に敗北した医療機関は廃院や統合という道を辿っている。

こうならないためにも、医療機関も経営マインドを持って運営していかなければならない。しかし、医療機関において経営学の知識を持って実務にあたっているスタッフはまだまだ少ない。医療経営について理解し、実践している医療スタッフはさらに少数となる。このままでは、多くの医療機関は廃れていくことは目に見えている。そのため、本書は医療機関の生き残りのためのエッセンスを注入している。医療機関が生き残るため、もしくは成長していくためには経営戦略が重要であり、その上位概念に経営理念・経営ビジョンがある。

本書の目的は、①「医療経営を担う者が、『経営理念や経営ビジョン』、そして『経営戦略』を正しく理解し、自院や自組織、地域において実践できる」、②「現在、地域医療構想や地域包括ケアシステムなど、医療機関は地域全体を見渡しながら、経営・運営していくことが求められており、地域を射程に入れた場合に『経営理念や経営ビジョン』をどのように共有していけばよいのか、『経営戦略』をどのように立案し、実行していけばよいのかについて理解することができる」という２点であった。この目的を達成することが、医療機関の生き残りおよび成長につながると信じている。

この目的を達成するために、一般的な経営学における経営理念・経営ビジョン、経営戦略について概要を提示し、基礎知識の習得を促している。しかし、あくまでも各概念の概要のみを説明しているため、ある程度理解が進み実践できるようになる頃には、本書の内容では物足りなくなるだろう。そのような状況になったなら、参考文献に掲載している専門書などを用いてさらに深く学習していくことをお勧めする。

なお、本書で提示している経営環境の分析手法や経営戦略については、是非とも実践していただきたい。このことを含め、読者の方々が本書を通じて、経営理念･経営ビジョン、経営戦略についての基礎的な知識を手に入れることができ、自身の所属する医療機関の経営に貢献できることを心より期待している。

多湖　雅博

参考文献

1. 明石純「<続>基本からわかる医療経営学(11)医療における経営戦略」病院68.3、2009年

2. 明石純「医療組織における理念主導型経営」組織科学38.4、2005年

3. 廣田俊郎「経営理念とビジョンに基づく経営戦略(上)」関西大學商學論集、2013年

4. ジェイB.バーニー「企業戦略論(下)全社戦略編：競争優位の構築と持続」ダイヤモンド社、2003年

5. ジェイB.バーニー「企業戦略論(中)事業戦略編：競争優位の構築と持続」ダイヤモンド社、2003年

6. 北居明「学習を促す組織文化：マルチレベル・アプローチによる実証分析」有斐閣、2014年

7. 厚生労働省「医療機関の経営支援に関する調査研究報告書：ケーススタディ(1)」医療施設経営安定化推進事業、2012年

8. 厚生労働省「医療機関の経営支援に関する調査研究報告書：ケーススタディ(5)」医療施設経営安定化推進事業、2012年

9. 厚生労働省「医療者のニーズからみた多角的事業展開」中小病院経営改善ハンドブック作成及び普及事業、2003年

10. マイケルE.ポーター「競争優位の戦略」ダイヤモンド社、1985年

11. 水谷内徹也「日本企業の経営理念：社会貢献志向の経営ビジョン」同文舘、1992年

12. 向井悠一朗「経営理念の策定と浸透」赤門マネジメント・レビュー13.7、2014年

13. 小笠原浩一・島津望「地域医療・介護のネットワーク構想」千倉書房、2007年

14. 尾形裕也「わが国の医療提供体制の改革と病院経営」医療と社会12.1、2002年

15. 佐藤善信「経営理念の重要性について：日本企業への提言」経営問題1、2009年

16. 多湖雅博「Appreciative Inquiryがワーク・エンゲイジメントに及ぼす影響に関する研究：メンバーの関係性に注目して」甲南大学博士学位論文、2019年

17. 田中雅子「経営理念浸透のメカニズム」中央経済社、2016年

引用文献

1. 奥村悳一「現代企業を動かす経営理念」有斐閣、1994年
2. 伊丹敬之・加護野忠男「ゼミナール経営学入門第3版」日本経済新聞社、2003年
3. 北居明・松田良子「日本企業における理念浸透活動とその効果」加護野忠男・坂下昭宣・井上達彦編著『日本企業の戦略インフラの変貌』白桃書房、2004年
4. 和多田作一郎「戦略経営システムの構造と情報創造論的戦略論:業態発想からフォーマット発想への転換」経営研究、1993年
5. 坂下昭宣「創業経営者のビジョナリー・リーダーシップと組織文化」岡山大学経済学会雑誌26.3-4、1995年
6. 小森谷浩志「経営理念の策定から浸透プロセスに対する一考察」日本経営診断学会論集11 、2011年
7. ANAグループホームページ：https://www.ana.co.jp/group/about-us/vision/（最終閲覧日2020年4月17日）
8. ローソングループホームページ：https://www.lawson.co.jp/company/corporate/data/idea/（最終閲覧日2020年4月17日）
9. TOSHIBAシステムテクノロジーホームページ：https://www3.toshiba.co.jp/tst/corp/philodophy.htm（最終閲覧日2020年4月17日）
10. 広島大学病院ホームページ：https://www.hiroshima-u.ac.jp/hosp/guide/guide01（最終閲覧日2020年4月17日）
11. 平塚市民病院ホームページ：https://www.hiratsuka-city-hospital.jp/info/rinen.html（最終閲覧日2020年4月17日）
12. 大阪府済生会吹田病院ホームページ：https://www.suita.saiseikai.or.jp/about/vision/（最終閲覧日2020年4月17日）
13. 広島大学病院看護部ホームページ：https://home.hiroshima-u.ac.jp/kangobu/concept.html（最終閲覧日2020年4月17日）
14. 平塚市民病院看護部ホームページ：https://www.hiratsuka-city-hospital.jp/kangobu/kangobu/gaiyou.html（最終閲覧日2020年4月17日）
15. 大阪府済生会吹田病院看護部ホームページ：https://www.suita.saiseikai.or.jp/nurse/about/policy/（最終閲覧日2020年4月17日）
16. 奥村悳一「現代企業を動かす経営理念」有斐閣、1994年
17. 北居明・松田良子「日本企業における理念浸透活動とその効果」加護野忠男・坂下昭宣・井上達彦編著『日本企業の戦略インフラの変貌』白桃書房、2004年
18. ダスキンホームページ：https://www.duskin.co.jp/company/philosophy/（最終閲覧日2020年4月17日）

19. 小松製作所ホームページ：https://home.komatsu/jp/company/basics-management/(最終閲覧日2020年4月17日)

20. 豊田地域医療センターホームページ：http://www.toyotachiiki-mc.or.jp/guide/policy.html(最終閲覧日2020年4月17日)

21. 新潟県立中央病院ホームページ：http://www.cent-hosp.pref.niigata.jp/kihon/rinen.html(最終閲覧日2020年4月17日)

22. 金井寿宏・松岡久美・藤本哲「コープこうべにおける愛と協同の理念の浸透：組織の基本価値が末端にまで浸透するメカニズムの探求」組織科学31.2、1997年

23. 北居明「経営理念研究の新たな傾向」大阪学院大学流通経営科学論集24.4、1999年

24. 田中雅子「理念浸透プロセスの具体化と精緻化： 3つのモデルを検討材料に」経営哲学9.1 、2012年

25. 廣川佳子・芳賀繁「国内における経営理念研究の動向」立教大学心理学研究57、2015年

26. 北居明・田中雅子「理念の浸透方法と浸透度の定量的分析：定着化と内面化」経営教育研究12.2、2009年

27. 松岡久美「経営理念の浸透レベルと浸透メカニズムコープこうべにおける『愛と協同』」六甲台論集経営学編第44巻第1号、1997年

28. 北居明・田中雅子「理念の浸透方法と浸透度の定量的分析：定着化と内面化」経営教育研究12.2、2009年

29. 伊丹敬之・加護野忠男「ゼミナール経営学入門第3版」日本経済新聞社、2003年

30. ジェイB.バーニー「企業戦略論(上)基本編：競争優位の構築と持続」ダイヤモンド社、2003年

31. マイケルE.ポーター「競争優位の戦略」ダイヤモンド社、1985年

32. イゴール・アンゾフ「Strategies for Diversification」ハーバードビジネスレビュー、1957年

33. ホイットニー・トロスタンブルーム「ポジティブ・チェンジ：主体性と組織力を高めるAI」株式会社ヒューマンバリュー、2006年

索　引

[数字・アルファベット]

[い]

[え]

[か]

[き]

[け]

[こ]

[さ]

[ひ]

[ふ]

[ま]

[り]

著者

多湖　雅博（たごお・まさひろ）

新潟医療福祉大学医療経営管理学部講師、博士（経営学）、看護師、ストレスチェック実施者

中小規模の医療機関にて事務部門および看護部門の管理者を経験し、千里金蘭大学助教などを経て2018年より現職。関西学院大学大学院医療経営プログラム非常勤講師、姫路獨協大学非常勤講師を兼任。2019年、甲南大学にて博士（経営学）取得。

主な著書として、「Appreciative Inquiryによるワーク・エンゲイジメント向上への取り組み：看護師を対象とした事例研究」組織開発研究、第1号、「AIを通じた看護管理者のリーダーシップ効力感向上の試み」組織開発研究、第1号、「看護師間の協働促進のための取り組み：Appreciative Inquiry導入の推奨」看護実践の科学、第45巻3号などがある。

医療経営士●中級【一般講座】テキスト2
経営理念・経営ビジョン／経営戦略――戦略を実行するための組織経営

2020年7月27日　初版第1刷発行

著　　者　多湖　雅博
発 行 人　林　　諄
発 行 所　株式会社 日本医療企画
〒104-0032　東京都中央区八丁堀3－20－5　S-GATE八丁堀
TEL 03-3553-2861（代）　http://www.jmp.co.jp
「医療経営士」専用ページ　http://www.jmp.co.jp/mm/
印 刷 所　図書印刷 株式会社

ISBN978-4-86439-914-2 C3034　　　　定価は表紙に表示しています

『医療経営士テキストシリーズ』全40巻

初　級・全8巻

（1）医療経営史――医療の起源から巨大病院の出現まで［第3版］
（2）日本の医療政策と地域医療システム――医療制度の基礎知識と最新動向［第4版］
（3）日本の医療関連法規――その歴史と基礎知識［第4版］
（4）病院の仕組み／各種団体、学会の成り立ち――内部構造と外部環境の基礎知識［第3版］
（5）診療科目の歴史と医療技術の進歩――医療の細分化による専門医の誕生、総合医・一般医の役割［第3版］
（6）日本の医療関連サービス――病院を取り巻く医療産業の状況［第3版］
（7）患者と医療サービス――患者視点の医療とは［第3版］
（8）医療倫理／臨床倫理――医療人としての基礎知識

中　級［一般講座］・全10巻

（1）医療経営概論――病院経営に必要な基本要素とは［第2版］
（2）経営理念・経営ビジョン／経営戦略――戦略を実行するための組織経営
（3）医療マーケティングと地域医療――患者を顧客としてとらえられるか
（4）医療ＩＣＴシステム――ヘルスデータの戦略的活用と地域包括ケアの推進［第2版］
（5）組織管理／組織改革――改革こそが経営だ！
（6）人的資源管理――ヒトは経営の根幹［第2版］
（7）事務管理／物品管理――コスト意識を持っているか？［第2版］
（8）病院会計――財務会計と管理会計
（9）病院ファイナンス――資金調達の手法と実務
（10）医療法務／医療の安全管理――訴訟になる前に知っておくべきこと［第2版］

中　級［専門講座］・全9巻

（1）診療報酬制度と医業収益――病院機能別に考察する戦略的経営［第5版］
（2）広報・広告／ブランディング――集患力をアップさせるために
（3）管理会計の体系的理解とその実践――原価計算の手法から原価情報の活用まで
（4）医療・介護の連携――これからの病院経営のスタイルは複合型［第4版］
（5）経営手法の進化と多様化――課題・問題解決力を身につけよう
（6）多職種連携とシステム科学――異界越境のすすめ
（7）業務改革――病院活性化のための効果的手法
（8）チーム医療と現場力――強い組織と人材をつくる病院風土改革
（9）医療サービスの多様化と実践――患者は何を求めているのか［第2版］

上　級・全13巻

（1）病院経営戦略論――経営手法の多様化と戦略実行にあたって
（2）バランスト・スコアカード――その理論と実践
（3）クリニカルパス／地域医療連携――医療資源の有効活用による医療の質向上と効率化
（4）医工連携――最新動向と将来展望
（5）医療ガバナンス――医療機関のガバナンス構築を目指して
（6）医療品質経営――患者中心医療の意義と方法論
（7）医療情報セキュリティマネジメントシステム（ISMS）
（8）医療事故とクライシスマネジメント――基本概念の理解から危機的状況の打開まで
（9）DPCによる戦略的病院経営――急性期病院経営に求められるDPC活用術
（10）経営形態――その種類と選択術
（11）医療コミュニケーション――医療従事者と患者の信頼関係構築
（12）保険外診療／附帯事業――自由診療と医療関連ビジネス
（13）介護経営――介護事業成功への道しるべ

※タイトル等は一部予告なく変更する可能性がございます。